Amigue, date cuenta

Amigue, date cuenta

Por qué, cómo y para qué deberías usar el lenguaje no binario

Gabriel D'Artemius

editorial

Primera edición: mayo de 2024

© Gabriel D'Artemius, 2024
© Begoña Martínez·Pagán, prólogo, 2024
© Letras Raras Ediciones, S. L. U., 2024
Diseño portada, LES Editorial, 2024
Coordinación: Marta Pita Dopico
LES Editorial pertenece a Letras Raras Ediciones, S. L. U.
www.leseditorial.com
info@leseditorial.com

ISBN: 978-84-19879-18-9
Depósito legal: MU 470-2024
IBIC: CB

Impresión: Podiprint
Impreso en España - *Printed in Spain*

A todas las personas que se sienten
en un limbo y no tienen palabras para sí mismes.

Acompaña la lectura con la banda sonora de este libro.

Índice

Nota de la coordinadora

El libro que tienes entre manos es para LES la culminación de una vieja ilusión. La publicación de una obra sobre lenguaje no binario fue uno de los primeros deseos de Bárbara Guirao, nuestra editora, en paralelo al nacimiento de la editorial. Tenía claro que LES sería un lugar abiertamente transinclusivo y feminista donde el lenguaje no binario sería empleado con normalidad y que, potencialmente, en ella cabría cualquier libro que lo utilizase. No podía ser de otra forma. Pero, yendo un pasito más allá, ya visualizaba un catálogo que incluyese una especie de guía divulgativa sobre los usos del lenguaje no binario, su formación, su defensa y su necesidad, que diese pautas sobre cómo y por qué utilizarlo. Y por fin ha llegado ese día.

Amigue, date cuenta es un libro que creemos profundamente necesario y con el que, tal y como su nombre indica, queremos que te des cuenta de hasta qué punto nos hace falta el lenguaje no binario socialmente, así como de todas sus posibilidades idiomáticas. ¿Quieres saber exactamente qué es y qué se visibiliza con su uso? ¿Tienes dudas sobre cómo se podrían flexionar algunas palabras? ¿Te gustaría saber dónde está su origen? ¿Tienes curiosidad por saber qué opciones se han planteado en otros idiomas? Su autore, Gabriel D'Artemius, te llevará de la mano por estas y otras cuestiones de forma amena y didáctica.

Este no va a ser un libro profundamente académico e inaccesible, sino todo lo contrario. Desde siempre la colección de no ficción de LES Editorial ha intentado tratar temas con la rigurosidad que requieren, pero desde una óptica cercana e informal que los haga comprensibles. Gabriel ha hecho este trabajo de una forma impecable y por eso estamos deseando que lo leas y lo disfrutes tanto como nosotras.

En sus páginas encontrarás mucha información y hechos, pero también pasión y compromiso. Entendemos que no puede ser de otra manera, ya que creemos a pies juntillas en que el idioma es algo cambiante y maleable por gusto y necesidades comunicativas de sus hablantes, así como también en la diversidad de género como uno de nuestros valores centrales. Las perspectivas personal, política y lingüística se dan aquí la mano. Para eso también hemos contado con la colaboración de Begoña Martínez Pagán, investigadora en lenguaje inclusivo, para un prólogo que redondea y culmina todo lo que queríamos que fuese este libro.

Somos conscientes de que todavía existe poca literatura con lenguaje no binario en el panorama español (cada vez más, como se recoge en este libro) y menos aún obras que traten el tema desde un enfoque más divulgativo y/o ensayístico. Por eso esperamos que a partir de aquí vengan muchos más y, sobre todo, que este trabajo resulte ante todo útil. Por eso, amigue, te invitamos a que nos acompañes.

MARTA PITA DOPICO

Prólogo

Una bienvenida al español no binario

M. Begoña Martínez·Pagán (ella, elle, acha, she, her)

Nos encontramos en un momento histórico crucial para el español no binario. Poco a poco se van estableciendo diferentes opciones para referirnos tanto a las personas no binarias como a les demás. Este fenómeno ya no se limita a círculos minoritarios: cada vez más lo encontramos integrado tanto en conversaciones cotidianas, públicas y privadas, como en manifestaciones culturales: en la literatura, el cine, las series y los (video)juegos.

Nos acercamos con creciente curiosidad a esta evolución del español que refleja de manera más precisa la realidad que nos rodea. Este aumento de visibilidad de los usos no binarios del español nos lleva a plantearnos varias preguntas clave: ¿Qué tipo de opciones tenemos disponibles? ¿Qué abarca el español no binario? ¿Cómo se usa? ¿De dónde surge y hacia dónde se encamina? ¿Cómo se sortea «la trampa de género que encierra el castellano», como expresa le autore? ¿Es necesario que esta nueva manera de hablar sea «bella» o «natural», o son estas exigencias palos en las ruedas? Este libro es consciente de la encrucijada ante la que nos encontramos, y nos lleva en una ruta

13

guiada por este fenómeno lingüístico y, por tanto, social. Esta breve, accesible e interesante ruta, que podemos recorrer en un fin de semana, nos invita a cambiar nuestra manera de ver este fenómeno para siempre.

Al leer el libro creo que se percibe como consciente de que es una primera incursión y a la vez un campamento base para exploraciones futuras. El lenguaje no binario va a recibir numerosas influencias en los próximos años, y quizá queramos mirar y formar parte del paisaje tal y como está ahora, antes de que inevitablemente siga cambiando. A través de un texto fresco y ameno, esta obra nos invita a explorar un tema complejo de manera ligera y entretenida, pero no exenta de rigor. Quiero destacar de este libro su enfoque práctico, su tono desenfadado, accesible, y su profunda investigación. Aprenderemos gramática teórica, sí, pero también sobre historia y motivaciones para la acción.

Todo acto de habla es político. Coincido con le autore en este y otros muchos puntos, entre ellos, que es necesario continuar las conversaciones sobre el lenguaje no binario. Como tan bien dice en el presente volumen, «no necesitamos el permiso de nadie para utilizar nuestra propia lengua como queramos». A menudo cuando hablo de este tema digo algo parecido, y es que tenemos derecho a resistirnos cuando nos quieren meter en la boca lenguas que huelen a cerrado. No todas las veces nos desviamos de la norma con un objetivo social, como es el caso del empleo del lenguaje no binario. Nos desviamos de la norma, a propósito, todos los días. Las desviaciones de la norma también son vida y también son comunicación. Depende del conocimiento de la norma que esta comunicación sea más consciente o menos. Este volumen proporciona claridad y nos permite ser conscientes de diferentes opciones que tenemos disponibles.

Mi objetivo con estas líneas es celebrar la participación de esta obra en el amplio diálogo actual sobre el español no binario. Del mismo modo, doy la bienvenida a quienes deseen comprender y participar en esta importante conversación sobre identidad, género y lenguaje. Desde este punto de vista en el que me sitúo, ya que mi investigación se centra en el lenguaje inclusivo en su sentido más amplio (un fenómeno «paraguas» del lenguaje no binario que implica otros aspectos interseccionales, cosa que, efectivamente, se explica en el libro), considero que el presente texto plantea algunas preguntas muy interesantes respecto a futuras avenidas de investigación.

Para experimentar el lenguaje no binario en todo su esplendor, además de ser una guía en sí misma escrita en lenguaje no binario, este libro proporciona referencias adicionales para quienes deseen experimentarlo y lanzarse a la piscina de su uso. Desde ensayos académicos hasta obras literarias contemporáneas o videojuegos recientes, estas recomendaciones ofrecen un amplio abanico de experiencias complementarias.

Ya desde el primer capítulo podemos encontramos interesantes cuestiones como qué es un salto semántico, qué implica la economía lingüística en el lenguaje no binario, o cuál es la diferencia entre el lenguaje no binario directo y el lenguaje no binario indirecto. Comparto con le autore nuestra admiración por Ártemis López, por su dedicación y contribución a este campo emergente de estudio, y por tantes otres que día a día contribuyen a pensar cómo podríamos expresarnos de formas más inclusivas y transformadoras.

Por otro lado, ¿qué diferencias hay entre opciones como usar una -e, una -x o una -i? ¿Cómo se construyen referencias a personas en español no binario? Quienes busquen en esta obra un enfoque práctico, lo encontrarán en el capítulo tres, sobre *Construcción del lenguaje no binario en la lengua española*. En este capítulo, cuyo objetivo explícito es enseñar «cómo insertar de manera natural el lenguaje no binario en la gramática española», se describen adjetivos, nombres, pronombres, demostrativos, posesivos y determinantes. Es en este capítulo donde aprendemos cómo concordar nuevas formas con -e, o innovadoras maneras de crear sustantivos, como las acabadas en -ter.

Llegado el capítulo cuatro, quizá sorprenda a quienes, como yo, investigan los orígenes de este fenómeno, una historia de la estrategia de usar la -e. En este se atribuye esta solución al colectivo feminista murciano APEC, en 1974, cuyas soluciones popularizó primero el también murciano Álvaro García Meseguer, antes de Sophia Gubb en 2013. Este posible origen murciano, como murcia-nica (murciana nacida en Nicaragua) me llena de una extraña satisfacción, de un fuerte deseo de que sea cierto, por la belleza de que una editorial de esta región sea también quien siga impulsando el lenguaje no binario.

El quinto capítulo explora más allá del español y nos da perspectivas del trabajo realizado en este sentido en otros idiomas: inglés, francés, sueco, portugués, alemán, italiano, ruso... El contraste con realidades similares, pero a la vez diferentes en lo lingüístico, nos ayuda a comprender mejor el fenómeno en el español en concreto y nos inspira en nuestro uso de este idioma. En el siguiente capítulo podemos ver la perspectiva de este fenómeno desde Argentina, así como ejemplos de uso, buenas prácticas y malas prácticas en literatura o videojuegos. En la amplísima sección de bibliografía se encuentran también un sinfín de recursos para seguir aprendiendo sobre conceptos que se mencionan brevemente en el texto.

En resumen, este libro nos invita a explorar una fascinante ruta a través del español no binario y a reflexionar sobre el poder de la comunidad de hablantes para transformar los distintos idiomas. La esperanza que alimenta es que en última instancia esto contribuya a cambiar nuestras sociedades para hacerlas más plurales, diversas e inclusivas, en definitiva, más libres para todo el mundo. Para todes.

M. Begoña Martínez-Pagán

Introducción

Nunca pensé que acabaría escribiendo un libro de lingüística, pero supongo que si tenía que escribir alguno, este era el más indicado. Normalmente no pensamos mucho en cómo nos dirigimos a otras personas, nuestros procesos de comunicación están automatizados, hasta el punto de que a veces no sabemos ni qué estamos diciendo, aunque esté saliendo por nuestra boca. Por ello, cambiar la programación de nuestro cerebro es bastante difícil. Cambiar estructuras que hemos mantenido durante años es complicado, puede que algunos piensen que imposible, y aunque es ciertamente más fácil cuanto más joven eres (y, por tanto, menos has utilizado estas estructuras), esto no quiere decir que a partir de la adolescencia no podamos hacer nada. Lo demostramos cada día que estudiamos un lenguaje nuevo que se convierte en parte de nuestra mente. Cada vez que aprendemos y decidimos utilizar un neologismo, cada vez que se nos pega una coletilla, cuando nos gusta una palabra que no solíamos usar y la añadimos a nuestro vocabulario e, incluso, cuando cambiamos nuestra habla por razones morales. El lenguaje no binario no es tan difícil de aprender y de internalizar, en mi opinión esta cuestión no debería ser siquiera un debate, por lo que nos centraremos en otras cosas.

Antes de proseguir, me gustaría hacer un pequeño *disclaimer*. Me considero escriter primero y lingüista después, pero me gustaría pensar que sé algo del tema. Me gradué en 2019 en la Universidad Complutense de Madrid y estudié la carrera de Lenguas Modernas y sus Literaturas, con enfoque en alemán y francés, y con anterioridad estuve dos años formándome en Estudios Ingleses en la Universidad Autónoma de Madrid. Algo importante a tener en cuenta a lo largo de este libro es que mi experiencia con el lenguaje no binario está muy marcada por mi entorno, por lo que, a menos que diga lo contrario, hablo desde un contexto castellano, de España. Mi objetivo con este libro es dar a conocer el lenguaje no binario y proporcionar unas bases para su uso, para que se pueda hablar entre más personas y esté accesible para todas aquellas que lo puedan necesitar, pues aunque todavía es susceptible de variaciones, tiene mucho futuro. Podríamos decir que este libro trata de gramática teórica, pero también de historia y de práctica, porque, como podréis comprobar, estaré usando el lenguaje no binario durante todo el libro. Usarlo no es tan difícil, no tanto como cree la gente, al menos, y en un libro sobre el tema que defiende su uso me parecería inapropiado que no fuera la forma de expresión utilizada. Me gustaría que como lecteres de este libro hicieseis un pequeño ejercicio de comprensión lectora y análisis: quiero que notéis qué formas del lenguaje no binario os parecen más extrañas y, al final del libro, penséis si os siguen provocando la misma reacción. La gente se acostumbra al lenguaje no binario más rápido de lo que cree porque nuestro cerebro es mucho más maleable de lo que pensamos, así que puedo garantizar a tode le que lea este libro que, cuando llegue al final, ni siquiera notará ciertos cambios en el lenguaje.

Me gustaría empezar con mi propia experiencia con el lenguaje no binario, que a partir de ahora abreviaré en LNB. Como muchas otras personas, yo no lo busqué, sino que vino a mí. Si no me equivoco, empecé a oír hablar de él aproximadamente en 2015, por las redes sociales que frecuentaba en aquel entonces —sobre todo Twitter, pues nunca he sido capaz de prestar atención a más de una red, a veces dos siendo generoses—, y como estudiante de lingüística durante cuatro años, la idea me pareció horrible. Sonaba mal, pensaba, no era natural y era difícil recordar que debías usarlo. Siempre me había considerado como alguien para quien la lengua era inamovible, un fuerte en el que confiar y que, como las matemáticas, siempre tenía una respuesta fija para todo. Continué en este estado durante un año más o menos, lo cual fue, en retrospectiva, bastante difícil. En aquella época ya había descubierto que era una persona no binaria, por lo que lo de no sentirse representade por mi propia lengua ya lo vivía día a día. Y a pesar de tener la herramienta (im)perfecta en mis manos para solucionar o, al menos, intentar ayudar con mis problemas, la rechacé con firmeza y dediqué mis esfuerzos a intentar comunicarme con otra gente con un español lo más neutro posible. Valga decir que tuve poco éxito, pero aun así fue una experiencia enriquecedora. Estuve un año intentando usar la lengua de la manera en que nos dicen quienes están en contra del LNB y sufrí en mis propias carnes lo que cualquier escriter sufre cuando decide que quiere esconder el género de un personaje en su libro. Y eso que la mayoría de la gente no lo hace durante toda la historia, solo hasta puntos específicos. Imaginaos hacerlo durante todo el libro. Escribir una saga y hacerlo durante los siguientes... siete libros. Fue una pesadilla.

La *revelación* la tuve cuando me di cuenta de que, en las ocasiones en las que no me quedaba más opción que flexionar ciertas palabras —que eran muchas, no tenemos un lenguaje muy flexible en cuanto a este tema se refiere—, lo que hacía era pronunciar la *a* y la *o* mezcladas, rápidas o en bajito. A veces las dos al mismo tiempo. La mayoría de la gente ni lo notaba (y la que lo hacía era porque había hablado demasiado bajo o rápido y no se habían enterado, así que acababan pidiendo que repitiese), pero a mí me hacía sentir mejor. Y un día se me encendió la bombilla: ¿no suena más o menos lo mismo, al mezclar estas vocales, que al pronunciar una *e*? ¿Y no es más fácil pronunciar una *e* directamente?

19

Fue una reflexión interesante y, sin duda, aprenderíamos mucho de las experiencias individuales de cada persona que adapta su lenguaje de manera tan drástica, aceptando el LNB. Pero de momento quedémonos con el trabajo que me costó durante ese año sortear la trampa de género que encierra el castellano y, sobre todo, lo fácil que fue tras toda esa experiencia cogerse de la mano de la desinencia -e. Por aquel entonces yo vagaba sin rumbo, sin dirección alguna, solo tenía claro hacia dónde no quería ir. Con la -e todo era diferente porque, en su mayor parte, las reglas estaban claras. El LNB no es perfecto, por supuesto, y me planteó, y plantea hoy en día, problemas a los que hay que buscar solución. Pero me parece que, desde luego, tiene más futuro que cualquier otra vía que hayamos probado hasta ahora.

Creo que ya sabéis por dónde van los tiros, pero escribo este libro porque me parece necesario. Hay muchas otras personas como yo ahí fuera. Gente que no conoce el lenguaje no binario, a quien le podría ayudar de maneras inimaginables. Gente que quiere una manera de expresarse y no la tiene; o que conoce el LNB, pero no sabe cómo usarlo. Personas reacias a su uso porque no lo entienden; o que lo rechazan porque les han enseñado que la lengua es sagrada y nunca debería alterarse. Gente que necesita una herramienta para expresar sus ideales; o que viene de otros países y no puede traducir bien su forma de expresarse. Traductores de otros idiomas al español que se dan cuenta de que algo no encaja. En definitiva, personas a quienes les puede servir de ayuda.

Pero vayamos un poco al ajo: ¿qué es el lenguaje no binario? El lenguaje no binario es como llamamos en España cada vez más al lenguaje «neutro» o inclusivo de la e. Cuando empecé a escribir este libro, de hecho, lo llamé algo parecido a *El neutro de la -e: nociones*, que quedaba de lo más aburrido. Pero hay otra razón más aparte de esa para que cambiase de título. Buscar artículos o libros o, simplemente, conversaciones de gente que hable del lenguaje no binario es un dolor de cabeza, porque no tiene un nombre específico y, además, por la época en la que empecé a escribir este libro lo que más se usaba para hablar de él era «lenguaje inclusivo» —que no significa exactamente lo mismo dependiendo del lugar—, «la -e» —que como nombre podréis entender que no servía para otra cosa que para hablar con gente, pero no para buscarlo o escribirlo en artículos— o «lenguaje neutro». Y esta última opción tenía otro problema muy grande. El español neutro tiene ya unos cuantos años y fue un intento de mezclar el castellano y el español de Hispanoamérica para crear un español global. Su creación coincide con el doblaje de películas de 1929 en adelante por parte de las productoras estadounidenses, al querer un doblaje al español que no fuera rechazado por hispanoamericanes ni españoles. Tal esfuerzo fue en vano y, aunque hoy en día todavía se usa en algunas ocasiones, en su gran mayoría nos ha dejado algunas películas para la posteridad y el nombre de «español neutro». Y precisamente por este uso, cualquier manera de hablar del lenguaje no binario que incluyese un «neutro» devolvía unos resultados en las búsquedas de lo más variopintos.

De modo que acabé optando por llamarlo lenguaje no binario tras leer el artículo «Tú, yo, elle y el lenguaje no binario» de le maravillose Ártemis López, lingüista y traducter donde les haya. Ártemis denomina el lenguaje no binario como «el que hace un esfuerzo consciente por dejar atrás el binarismo y reconocer a las personas que no somos hombres ni mujeres» (López, 2019). De esta manera podríamos decir que también es un tipo de lenguaje inclusivo, pero al mismo tiempo persigue un objetivo totalmente diferente. Aunque en algunos estudios se haga referencia a que los dos son el mismo lenguaje, para mí hay una ruptura de base entre el lenguaje inclusivo y el lenguaje no binario, son dos entes distintos, cuestión que quería dejar clara.

En español, el lenguaje inclusivo, el lenguaje neutro y el lenguaje no binario no son lo mismo.

Algo muy importante a tener en cuenta, sin embargo, es que en Hispanoamérica no usan este nombre, solo lo reconocen como un lenguaje inclusivo, o el inclusivo de la -e. Pido disculpas por adelantado a todes nuestres compañeres de lengua del otro lado del Atlántico que van a tener que lidiar conmigo hablando del lenguaje no binario, pero por las razones arriba expuestas, espero que no me lo echen mucho en cara.

Ojalá que este pequeño libro sirva como base para el estudio del lenguaje no binario y siente un precedente. De que no es una herramienta sin futuro ni utilidad. De que podemos usarla, aunque «los de arriba» no nos quieran dejar, porque no necesitamos el permiso de nadie para utilizar nuestra propia lengua como queramos. Porque las lenguas están para adaptarse a su usuarie, a la población que las usa, y cambian en el tiempo según lo necesitamos. Y no todo el mundo necesita utilizar un cambio en la lengua para que este sea absorbido por ella, por algo tenemos los dialectos. Como dije ya hace unos años en Twitter: «La lengua no necesita protección porque cambia igual que cambiamos nosotres. Porque nosotres somos la lengua» (D'Artemius, 2020).

1
Qué son el lenguaje inclusivo y el lenguaje no binario

Para aquellas personas que tienen el español como lengua nativa, lo que diré a continuación será obvio, pero dejadme hacer. Hablemos de la gramática española. Dentro de nuestra lengua existen palabras que cambian y palabras que no, según circunstancias: las palabras variables e invariables. Las palabras variables son aquellas que se pueden flexionar por número (*ella/ ellas*) y por género (*escritor/escritora*). Las invariables son aquellas que no cambian por número ni por género, como todas las preposiciones, conjunciones y adverbios.

Según la *Nueva gramática de la lengua española*, el género de las palabras, que es lo que nos ocupa, es «una propiedad gramatical de los sustantivos y de algunos pronombres que incide en la concordancia con los determinantes, los cuantificadores (a veces asimilados a ellos) y los adjetivos o los participios. Las categorías que manifiestan género gramatical reproducen los rasgos de género de los sustantivos o de los pronombres [...]» (Real Academia Española, 2010, p. 24).

Asimismo, podemos ver también que:

«Atendiendo al género, los sustantivos se clasifican en MAS-CULINOS y FEMENINOS. Con muchos sustantivos que designan seres

25

animados, el género sirve para diferenciar el sexo del referente (*gato / gata; niño / niña; presidente / presidenta; alcalde / alcaldesa*). En el resto de los casos, el género de los sustantivos es una propiedad gramatical inherente, sin conexión con el sexo. Su terminación no siempre pone de manifiesto el género que les corresponde: por ejemplo, *césped* y *pared* son, respectivamente, masculino y femenino, como indican los elementos subrayados en *el césped húmedo* y *la pared blanca*» (Real Academia Española, 2010, p. 24).

Me gustaría que tuvierais en cuenta que no todos los sustantivos que se refieren a persona permiten morfemas de género: de ahí que tengamos *pianista*, *lingüista*, *profesional* y *artista*, que no varían según el género de la persona a la que nos referimos, sino que este se expresa mediante el determinante que los acompaña (lo que llamamos comunes respecto al género).

Por otra parte, también tenemos los sustantivos ambiguos en cuanto al género, aquellos que no tienen un género determinado (que son pocos), como *el/la mar* y *el/la vodka*; y los epicenos: sustantivos que poseen un solo género y que, independientemente de si pertenecen a un ser humano o no, no varían de género, como son *el personaje*, *la persona*, *el vástago*, *la víctima*, *la lechuza*, *el águila*...

Hablando de géneros. Si nos remitimos a la *Nueva gramática de la lengua española*: «El masculino es en español el GÉNERO NO MARCADO, y el femenino, el MARCADO. En la designación de personas y animales, los sustantivos de género masculino se emplean para referirse a los individuos de ese sexo, pero también para designar a toda la especie, sin distinción de sexos, sea en singular o en plural. Así, están comprendidas las mujeres en *Un estudiante universitario tiene que esforzarse mucho hoy en día para trabajar y estudiar a la vez* o en *Los hombres prehistóricos se vestían con pieles de animales*. Se abarca asimismo a las osas en *El oso es un animal plantígrado* o *En los bosques quedan pocos osos*. Estos casos corresponden al USO GENÉRICO del masculino. Sin embargo, razones extralingüísticas o contextuales pueden dar a entender que se habla solo de varones, como en *el número de mexicanos que han sido ordenados sacerdotes en los últimos diez años, o en Los hombres solo dicen mentiras (Delibes, Ratas)»* (Real Academia Española, 2010, p. 25).

Como podemos comprobar, según la Real Academia Española, todo lo que no sea usar el plural masculino para hablar de un grupo de gente sin identificar (e identificada siempre que haya un solo varón dentro) es incorrecto, algo contra lo que llevan luchando los grupos feministas durante años. ¿Por qué el género no marcado del español es el masculino? ¿Por qué no el femenino? ¿Por qué no se puede cambiar y emplear el femenino para ocasiones en las que claramente en el grupo haya mayoría de mujeres, algo que, ya veremos más adelante, era típico del francés hasta hace unos siglos? ¿De dónde ha salido ese masculino no marcado? Y, más importante, ¿cómo puede ser un género específico no marcado?

Todo esto sin tomar en cuenta que hoy por hoy sabemos que no solo hay mujeres y hombres sobre esta Tierra nuestra: las personas no binarias existimos. Como dijo Ártemis en una frase en la que pienso a menudo: «Cuando la Real Academia dice que "el masc. gramatical funciona en nuestra lengua, como en otras, como término inclusivo para aludir a colectivos mixtos, o en contextos genéricos o inespecíficos" (RAE, 2018), está pasando por alto a las personas no binarias, que no somos ni colectivos mixtos ni personas genéricas o inespecíficas: somos específicamente no binarias» (López, 2019).

Dejando a un lado las alternativas a este masculino, que más adelante comentaremos, me gustaría reflexionar sobre su origen. Se ha creado una mistificación en torno al lenguaje que casi pretende canonizarlo, congelarlo en el tiempo, puro e intachable, que considero muy dañina. Se ve a menudo cuando se introducen neologismos en nuestro idioma, como *wasap, tuit*... y no es nada nuevo, durante el Siglo de Oro muches temían por la unidad del lenguaje y a la influencia de otros idiomas, de modo que el purismo lingüístico estaba a la orden del día. Según Ralph Ludwig (Martin Luther, 2000), en el primer tomo del *Diccionario de Autoridades* —publicado en 1726 como su primer diccionario, trece años después de la fundación de la RAE—, se llamaba a limpiar y purificar la lengua: «Siendo el fin principal de la fundación de esta Académia cultivar, y fijar la puréza y elegáncia de la léngua Castellana, desterrando todos los erróres que en sus vocablos, en sus modos de hablar, o en su construcción ha introducido la ignoráncia, la vana afectación, el descuido, y la demasiada libertad de innovar [...] (Real Academia Española, 1726-39: XXIII)». El lema de la RAE ha sido desde 1715 «limpia, fija y da esplendor». El purismo lingüístico solo empezó a disminuir en la sociedad española en torno al siglo XIX.

Pero el lenguaje nunca ha sido inmutable. Todo lenguaje cambia con el tiempo, por eso podemos ver la genealogía de una lengua y les españoles no hablamos en latín, ni les romanes hablaban en indoeuropeo. Las lenguas cambian y por eso degeneran en nuevas lenguas, negarlo es negar la propia naturaleza del lenguaje. Todo esto quiere decir que en un momento dado el masculino genérico tuvo que aparecer en algún antecedente del español para que este lo heredara. El género español se construyó, como algunas otras lenguas romances, a partir del género latino. El latín tenía tres géneros, femenino, masculino y neutro. Sin embargo, y aunque podríamos pensar que nuestro masculino es herencia de su masculino, lo cierto es que está construido sobre la base de su neutro.

¿Fue esta una evolución forzada por el inconsciente masculino, que en aquel entonces era quien manejaba el cotarro? Es muy posible, pero lo más seguro es que nunca lo averigüemos. Hay quien se posiciona totalmente en contra de este supuesto, argumentando que el lenguaje cambia de manera «natural», pero en mi opinión es un error decir que el lenguaje no presenta ideología. El lenguaje presenta la ideología de quien ha ayudado a que evolucione, de manera consciente o inconsciente y en mayor o menor medida.

Pero dejando esto a un lado, veamos qué tal funciona esta herramienta que nos ha concedido la evolución lingüística. Tanto la RAE como la Fundéu sostienen que el masculino genérico es la manera correcta y perfecta de referirse a un grupo o un sujeto ambiguo sin, paradójicamente, dar lugar a ambigüedades. En una de las preguntas frecuentes que se recogen en la sección de consultas lingüísticas de la RAE titulada «Los ciudadanos y las ciudadanas», «los niños y las niñas», se expone que «En los sustantivos que designan seres animados existe la posibilidad del uso genérico del masculino para designar la clase, es decir, a todos los individuos de la especie, sin distinción de sexos: *Todos los ciudadanos mayores de edad tienen derecho a voto*». Usemos pues como ejemplo un conocido documento que tiene bastante en común con esta frase, la *Declaración de los derechos del hombre y el ciudadano* aprobada por la Asamblea Nacional Constituyente francesa el 26 de agosto de 1789. En él se recogen derechos que podríamos calificar de humanos. Tomemos el artículo 14: «Todo ciudadano tiene derecho, ya por sí mismo o por su representante, a constatar la necesidad de la contribución pública, a consentirla libremente, a comprobar su adjudicación y a determinar su cuantía, su modo de amillaramiento, su recaudación y su duración». Si leyéramos esta frase hoy en día sin contexto, podríamos errar en pensar que con *ciudadano* la Declaración se refiere a los ciudadanos y las ciudadanas. Pero en realidad, como bien sabemos, esta Declaración solo atañía a los varones. Cierto es que el documento es en origen francés, y en origen se distingue claramente que solo se refiere a varones, pero la traducción al español es claramente al masculino y, como es del español de lo que hablamos, la ambigüedad persiste.

Como dice Jorge Diz Pico en su artículo «Elle que elle»: «Se podría uno excusar en que tradicionalmente la política ha sido profesión de hombres. Pero si propongo al lector que imagine cinco enfermeros tomando café, dudo mucho que haya pensado en cuatro mujeres y un hombre. A pesar de que todos sabemos (y la estadística demuestra) que más del 80 % del personal de enfermería son mujeres. Es decir, nuestro «masculino como sexo por defecto» es algo tan sistémico y arraigado en la forma de expresarnos que arrolla a la propia realidad» (Diz Pico, 2015).

Y este no es solo un problema que afecta al masculino. El femenino, por virtud de la propia existencia del masculino genérico, falla en su propio rol de ser el género marcado. En el artículo «Le últime Jedi y otros usos del neutro» del mismo autor (que revisitaremos más adelante de nuevo), Pico nos presenta una serie de situaciones en las que una mujer destaca sobre no solo todas las mujeres en su contexto, sino sobre la totalidad de la gente que participa. En una situación de este tipo, por ejemplo, podríamos decir que «Sara es la mejor cantante que he oído» con la intención de referirnos a la totalidad de les artistas, y no solo de las artistas, y la frase resultaría ambigua. Diz Pico señala también la dificultad de acuñar frases como «Eres una de mis mejores amigas» con la intención de referirse al grupo completo de amigues, que se convertiría en la discordancia «Eres una de mis mejores amigos»; sin embargo, nos solucionaría el desaguisado, según él, «Eres una de mis mejores amigues», o mi propuesta para evitar la discordancia, «Eres une de mis mejores amigues».

En otras situaciones se usa el masculino como género marcado y hay que aclarar que ese es el uso que se le está dando para que la intención del hablante llegue intacta al destinatario. En un artículo de *El País* de 1984, Álvaro García Meseguer describe un suceso muy interesante al que llama «el salto semántico»: «Se trata del caso en que un hablante o escritor, al comienzo de una oración, se refiere a personas empleando un término de género gramatical masculino en sentido no marcado, es decir, abarcando en su significado varones y mujeres, y a renglón seguido, en el mismo contexto, repite el empleo del término (en forma explícita o implícita), pero esta vez en sentido marcado, es decir, como relativo a varones exclusivamente» (Meseguer, 1984).

Uno de los ejemplos que utiliza y que seguro que no os sonará raro es este: «Los antiguos egipcios habitaban en el valle del Nilo. Sus mujeres solían...». No es extraño encontrarse oraciones como estas en manuales o enciclopedias, pero llevan a le lecter a preguntarse ciertas cosas: ¿Entonces las mujeres no eran antiguas egipcias? ¿Tomaban los antiguos egipcios mujeres de otras culturas por esposas? ¿Sus mujeres no vivían en el valle del Nilo? Quien ha escrito esta frase parece considerar, inconscientemente, que las antiguas egipcias no cuentan como unidad por sí mismas, que no son parte del todo, o tan solo intenta expresar algo que el lenguaje no le permite. Otro ejemplo que pone, ahora de Camilo José Cela, es este: «El afán de la aventura suele acompañar al hombre, y todos, de niños, soñamos con cazar leones, asaltar bancos, perseguir criadas, etcétera» (Meseguer, 1984). En principio podría parecer que se refiere a todo el mundo, hombres y mujeres, por lo que el añadido último de «perseguir criadas» choca a le lecter. Este fenómeno del salto semántico es bastante común, yo misme me lo he encontrado a menudo a lo largo de los años: en documentales, en textos académicos, en noticias de la prensa... Lo cierto es que el masculino genérico no funciona tan bien como la RAE pretende hacernos creer. Las ambigüedades están a la orden del día.

¿Qué alternativas existen que no vayan contra las normas de la Academia? Pues la verdad es que muy pocas, porque el desdoblamiento, posibilidad bastante razonable, está desaconsejado. Según la RAE en la consulta sobre «Los ciudadanos y las ciudadanas», «los niños y las niñas»: «La mención explícita del femenino solo se justifica cuando la oposición de sexos es relevante en el contexto: *El desarrollo evolutivo es similar en los niños y las niñas de esa edad*. La actual tendencia al desdoblamiento indiscriminado del sustantivo en su forma masculina y femenina va contra el principio de economía del lenguaje y se funda en razones extralingüísticas. Por tanto, deben evitarse estas repeticiones, que generan dificultades sintácticas y de concordancia, y complican innecesariamente la redacción y lectura de los textos».

Todas estas razones que la RAE da, además, me parecen poco convincentes. Como muy bien dice la Wikilengua: «Se llama economía lingüística a una tendencia del lenguaje a la simplificación y a minimizar el esfuerzo. Contrasta con la redundancia, que es la tendencia a dar información innecesaria. No es una norma gramatical, sino que puede depender del contexto comunicativo». Al no ser una norma gramatical del español, sino solo una tendencia de la lengua que podemos elegir usar o no, no tiene sentido esgrimirla como argumento en contra del desdoblamiento. Que la economía del lenguaje exista no hace que la redundancia sea un error de la lengua, sino que es un recurso más. Y el argumento de que el uso del desdoblamiento se funda en razones extralingüísticas... es que no me parece siquiera un argumento. Nada de lo que decimos se funda en razones lingüísticas, lo único que quizá lo haría sería la lengua escrita en ciertos tipos de escritura, como la poesía, que a veces elige ciertas palabras o construcciones según reglas ajenas a la intención comunicativa, y los manuales de lingüística y publicaciones similares. Aparte de eso, todo lo que decimos se funda en razones extralingüísticas. Une no habla para seguir la regla de la gramática, la seguimos porque nos es inconsciente tras el estudio de la misma, pero su uso no es la base de la intención comunicativa. Y, desde luego, no elegimos las palabras que decimos en función de la gramática, sino de lo que queremos expresar. En conclusión: todo lo que decimos se funda en razones extralingüísticas.

En general, la RAE defiende el masculino genérico con uñas y dientes como la única posibilidad para referirse a grupos mixtos, inespecíficos o a gente no conocida. Hay veces en las que se pueden usar alternativas, como en el caso de *las/los alumnos/alumnas*, que se puede sustituir por *el alumnado*, un sustantivo epiceno muy útil, pero que, lamentablemente, no sale de manera natural hablando en un registro no formal. Cuando yo me dedicaba a hacer uso de este tipo de piruetas lingüísticas me di cuenta de que siempre es más fácil hablar de manera neutra cuando te refieres a terceras personas. Siempre resulta menos raro usar palabras del registro formal cuando estás hablando de un suceso ajeno que cuando, por ejemplo, estás hablando con tu madre de lo nerviose que estás porque se te viene encima un examen para el que has estudiado más bien poco. Aun así, resulta interesante hacer ejercicios de este carácter para darse cuenta de todo a lo que nuestra lengua le atribuye un género y en qué ocasiones no es necesario.

Según Naciones Unidas «Por "lenguaje inclusivo en cuanto al género" se entiende la manera de expresarse oralmente y por escrito sin discriminar a un sexo, género social o identidad de género en particular y sin perpetuar estereotipos de género. Dado que el lenguaje es uno de los factores clave que determinan las actitudes culturales y sociales, emplear un lenguaje inclusivo en cuanto al género es una forma sumamente importante de promover la igualdad de género y combatir los prejuicios de género».

Desde hace tiempo es tema de debate si la lengua española es sexista o no y se han buscado alternativas. Todas las posibilidades que se han hecho populares hasta ahora —que no son ni el intento de evitar generizar la legua ni el desdoblamiento—, de las que hablaremos a continuación, coinciden en crear un «neutro» que no sea masculino ni femenino, que simplemente sustituya ese uso del masculino como genérico, pero todas ellas tienen sus propios problemas. Estas alternativas serían el lenguaje no sexista, el lenguaje inclusivo y el lenguaje neutro. El lenguaje no binario, sin embargo, es diferente, como ya hemos apuntado con anterioridad, pues posibilita la expresión de un tercer género en el lenguaje de una manera que antes era imposible y, por tanto, no tiene el mismo origen/objetivo que el lenguaje inclusivo, aunque pueda usarse con el mismo propósito.

Entre las propuestas que no acepta la RAE podemos encontrar la @, el *, la x, la -e y, sorprendentemente, también la -i, aunque este sería más bien un caso específico. En su artículo «Tú, yo, elle y el lenguaje no binario», Ártemis López se refiere a estas propuestas con el nombre de lenguaje no binario directo (LND) y a la anterior propuesta de evitar marcadores de género, lenguaje no binario indirecto (LNI). Si bien elle se refiere más a la traducción de textos con personas explícitamente no binarias o trans, su clasificación me parece muy interesante y útil, aunque quizás yo usaría una diferente, puesto que elle habla tan solo de traducción de expresiones referidas a personas no binarias y yo hablo de la creación del lenguaje no binario en español. En mi caso personal, clasifico las tres propuestas más populares según el nivel de «implicación» o de disposición personal para pasar a la acción. La más baja de todas es la @, que sería la elección más facilona, la de quien, desde mi punto de vista, quiere mostrar que por supuesto es muy feminista y muy inclusive, pero que típicamente no incluye a la gente no binaria en su discurso y solo quiere que no le recriminen ni siquiera intentarlo. También es la elección de la gente más joven y de la que trata con elles. La *x*, en un contexto español europeo, suele ser la elección de quien ya está más informade y comprometide con la inclusión, pero por una razón o por otra (que no reconoce los géneros no binarios, que tiene reservas con la -*e*, que no la conoce, o que le parece solución suficiente) no va más allá. También es la elección de la gente que, como Ártemis indica citando una nota de traducción de Arrate Hidalgo y Lawrence Schimel, «lo utiliza para no solo liberar el lenguaje del llamado "masculino genérico" (*man*/hombre como norma), sino [para romper] con los límites de un binarismo de género» (Hidalgo, Lawrence; 2018). Estas personas usan la *x* como ruptura de género, de la lectura, para que quien lea lo que está escrito haga un parón y reflexione. Como dijo Álvaro García Meseguer: «Lo que importa es la conexión real que cada hablante establece en su interior entre palabras y conceptos, significantes y significados. Y como esta conexión es, hoy por hoy, la de género-sexo, *solamente introduciendo un factor nuevo puede quebrarse el automatismo de las asociaciones mentales*» (García Meseguer, 1977, p. 253). Pero ambas soluciones tienen un gran problema, ya que no son trasladables a la oralidad ni accesibles para personas con limitaciones visuales. De hecho, quien las usa, o no las pronuncia en discurso o dice una -*e*. Quien utiliza la -*e*, a mi parecer, es quien de verdad se compromete con sus ideas, acepta a todas las personas, binarias y no binarias, y reconoce que nuestra lengua necesita algo de ayuda.

Existe otro uso de la *x*, que, aunque tiene que ver con la diversidad, es un poco más peliagudo de abordar, el del término *latinx*. «Algunos autores cuestionan que el cambio morfológico en esta palabra se haya dado desde el inglés (Guerra y Orbea, 2015; Sopo, 2019) considerándola "un centrismo estadounidense" (Salinas, 2020). Otros críticos resaltan que el término no es del todo inclusivo porque no representa las raíces indígenas de la identidad latinoamericana (Tlapoyawa, 2019). Para Urrieta (entrevistado por Weissman, 2020) el término revela la lucha interna de la comunidad latina dentro de los Estados Unidos por definir su identidad frente a su historia de opresión, colorismo, sexismo y del sistema de castas que considera afecta directamente a las personas indígenas y afrodescendientes» (Parra, Serafini, 2022).

Estudioses que saben más que yo del tema se resisten a definir este concepto. Salvador Vidal-Ortiz de la American University Washington D. C. dice «No es nuestra intención recoger una genealogía del término, ni esperamos estabilizarlo con una definición que abarque todo lo que significa. En su lugar, nos unimos a Milian en su intención de continuar "lejos de intentar aclarar la X" (2017, p: 122)» (Parra, Serafini, 2022). Pero sabiendo que esta es una duda de muches en España, quería mencionarlo.

El caso de la -*i* es muy curioso. Nunca había considerado la letra *i* como posible desinencia para el lenguaje no binario hasta que leí el cómic *Tránsito* escrito por Ian Bermúdez e ilustrado por David Cantero. En él encontramos muchas frases como *Hermanita, siento decirte que papá se ha quedado con nosotris, ¿si quieres me pasas tu* face *y así estamos conectadis?* y *¡chiquis, me voy volando!*; y palabras como *chiquis, amiguis, todis, ellis* y *pamis*. Esta última para referirse a padre y madre de manera conjunta, que son de esas palabras difíciles de aunar. Tuve la suerte de hablar con Ian Bermúdez sobre su historia y él me explicó que como hombre trans, empezó a usar la -*i* por sugerencia de una amiga cuando salió del armario con ella. Para él la -*i* supuso un espacio de transición, un poco como el asterisco que vino antes de la arroba, le era más fácil oírse referido como *guapi* que como *guapo*, porque el cambio se le hacía muy brusco. Una vez que no lo necesitó, lo dejó de lado.

Por aquella época casi nadie usaba la -*i*, pero me comentó que sería el equivalente a la -*e* en el catalán, donde tiene un cariz más femenino. Actualmente está ganando muches adeptes entre les catalanoparlantes y, aunque hay quienes se quejan de que se está degradando el idioma —una queja muy escuchada también sobre el castellano—, su opinión es que «las normas nos sirven si nos sirven, si no, no sirven», porque «la lengua debe servir a la gente», algo con lo que estoy muy de acuerdo. Es interesante notar, sin embargo, que la -*i* como propuesta de género neutro no parece haber arraigado en ninguna parte del habla hispana, aunque yo recuerdo haberla usado de pequeñe en palabras como *chiquis*, *bonis* o *guapi*. Quizás es este uso infantil y, francamente, femenino el que hace que no sea considerada como una opción adecuada. Como sabemos, todo lo femenino y/o infantil es de rechazo fácil. ¡Vivan la misoginia y la homofobia interiorizadas!

Un caso que no he nombrado y que, sin embargo, entraría dentro de los lenguajes inclusivos es el femenino genérico. No suelo emplear el femenino genérico activamente, pues la idea de convertir uno más de nuestros géneros específicos en genérico no me hace mucha gracia, pero reconozco que tiene sus aplicaciones. Son muches quienes en la actualidad hablan en femenino genérico como una manera de visibilizar a la mujer en la sociedad, una sociedad que, aducen, contribuye a la invisibilización de la mitad de su población —no a propósito— a través del masculino genérico. El femenino genérico sería su modo de hacer patente los fallos del masculino genérico y de provocar que reflexionemos sobre ellos. Personalmente, uso el femenino genérico muy poco o casi nunca, pero cuando lo hago es por una de estas dos razones: porque me piden que lo haga para referirme a un grupo de personas, o para referirme a quienes se refieren a sí mismas de esta manera. Para grupos mixtos suelo preferir el LNB, pero dependiendo de la circunstancia es posible que use el femenino también. El femenino, además, es una de las formas más justificables, ya que podemos aducir que cuando lo usamos estamos concordando con el sustantivo *persona*. En comparación podríamos decir que el masculino genérico concuerda con *el hombre* como especie, lo que también tiene sus problemas, puesto que el ser humano no equivale a un hombre, es una persona. Más adelante hablo más sobre el femenino genérico y sus usos en el lenguaje en conjunción con el lenguaje no binario.

Hola a todos. Hola a tod@s. Hola a todxs. Hola a todas. Hola a todis. Hola a todes.

Para acabar esta sección, me gustaría hacer unas reflexiones finales. Hablando con Ian Bermúdez, me contó que una conocida suya, Bel Olid, había escrito un libro llamado *Follem?* (¿Follamos?) que había sido escrito en catalán sin ninguna desinencia de género ni ninguna alusión a ello. Me comentó que en aquel entonces el libro todavía no estaba traducido al castellano, pero que si en catalán habían conseguido hacerlo, ¿por qué no en castellano también? El futuro de la lengua, me dijo, estaba en la ausencia de género en las palabras, en «eliminar el uso del género». Lo menciono porque he pensado en ello a menudo y, si bien me parece difícil que llegue a suceder, quizás sería la solución ideal. Cuidado, no me estoy refiriendo a evitar palabras con marcas de género, sino sustituyéndolas o eliminándolas. Uno de mis idiomas favoritos es el inglés, que no tiene manera de referirse al género de una persona más que a través de los pronombres o de ciertas palabras que implican género, como *queen* o *cowboy*. Y otro de mis idiomas favoritos es el japonés, en el que ocurre algo parecido, ya que puedes hablar de alguien en segunda o tercera persona y que no se sepa en ningún momento su género, excepto por palabras como las anteriormente mencionadas en inglés, que denotan género en sí, como *kare* (él) o *kanojo* (ella o novia). La primera persona del japonés tampoco está generizada más que en los pronombres de primera persona si une elige hacerlo, con *ore/boku* (pronombres masculinos) y *atashi* (pronombre femenino) como pronombres binarios, y *watashi* como pronombre no binario. Me encantaría que el castellano se convirtiera en un idioma con características parecidas, pero tiene un pasado tan lleno de desinencias y tan marcado por el género que no creo que sea posible conseguirlo.

Algo parecido sí que se propuso en los noventa. M.ª Ángeles Calero Fernández nos habla de ello en el libro *Sexismo lingüístico: Análisis y propuestas ante la discriminación sexual en el lenguaje*, en el que expone que para ella la mejor solución al problema del género en el lenguaje español pasa por olvidarse de las desinencias que denotan el género de la persona aludida y tratar todas las palabras como si tuvieran un género gramatical propio (Calero Fernández, 1999, p. 167). Con esas palabras se aludiría a todo el mundo, sin importar su género. Como ejemplos da *las señoras de la limpieza, las zurcidoras, los herreros* y *los albañiles*. De esta manera, llamaríamos *azafata de vuelo* a los hombres que desempeñasen esta función (él es una azafata) y lo mismo sucedería con *camionero* (ella es un camionero). Según ella, el 10 de mayo de 1990 Álvaro García Meseguer presentó una comunicación al respecto en las VIII Jornadas de Investigación Interdisciplinaria de Estudios de la Mujer que causó gran rechazo. Y yo lo entiendo. Calero no dice qué solución daría a las palabras que ya están desdobladas desde hace tiempo, ni qué pasaría con las flexiones en frases como *ella está feliz* o *en este grupo somos afortunados*. Por lo tanto, es una solución a medias. Añade la autora que García Meseguer le comentó más tarde que había sacado la idea de unas investigadoras valencianas: Aguas Vivas Catalá y Enriqueta García.

Como propuesta es interesante, desde luego, pero plantea ciertos problemas. En conversación con una amiga llegamos a la conclusión de que esto podría atar todavía más ciertas profesiones a un género u otro, como ya ocurre, pero de manera extrema. ¿Y cómo se elegiría qué trabajos se adjudicarían a qué género? ¿Qué otras herramientas tendría a su disposición? Al ser un planteamiento teórico, sin embargo, no sabemos mucho más, pero quizá pueda servir de inspiración para ampliar los recursos del lenguaje en un futuro.

De igual manera, todo esto me sirve para reflexionar sobre la posibilidad de que, quizás en un tiempo lejano, podamos crear un lenguaje entre todes que evite nombrar el género, que rehúya de él, por no necesitarlo. Porque ¿en qué ocasiones es absolutamente necesario que sepamos el género de alguien? ¿De verdad lo necesitamos? Quizás nuestro futuro esté en la supresión de los morfemas de género en el lenguaje. El español ya ha eliminado uno del repertorio que recibió del latín, ¿qué importan un par más? Quizá por todo este auge de los estudios de género y la herencia del feminismo que todavía tanta falta nos hace, nos cuesta huir del género. La abolición de este todavía queda muy lejos, y por eso no hay ninguna propuesta que hayamos oído en la que directamente se elimine el género de nuestro idioma. Lo he pensado a veces, pero no estamos lo suficientemente avanzades como para considerar esta alternativa como una posibilidad. De momento, con la -e me doy por satisfeche.

2
Usos del lenguaje no binario

El uso más comentado del lenguaje no binario y el que más molesta a cierta gente es, por supuesto, la sustitución del masculino genérico. Esto no se limita solo al plural genérico, sino que tiene diversas aplicaciones. De hecho, podríamos «dividir» el plural genérico entre el no binario, el masculino y el femenino. Mucho se ha quejado el feminismo del masculino genérico como evidencia la creación del femenino genérico, y yo no creo que vaya por mal camino. Simplemente, no considero que volver a convertir la especificidad de un género en la neutralidad sea la manera correcta de abordar el problema. Sin embargo, no podemos descartarlo como variación del plural.

Es cierto que la mujer se ve invisibilizada en el lenguaje y es cierto que muchas veces es por la utilización de plurales que, inconscientemente, nos dicen que las mujeres no están en aquello en lo que se nombran. Y si hay algo que sabemos —o deberíamos saber— todes, es que lo que no se nombra, no existe. Es un hecho que no tenemos muy presente a menos que seamos quienes «no existimos», pero es un concepto fácil de aprender una vez somos conscientes de ello. Seguro que alguna vez os habéis encontrado en la tesitura de hablar con alguien mayor, quizá vuestra abuela, y decirle que ibais a usar alguna tecnología nueva de la que no tenía ni idea. Esa tecnología tiene nombre, porque existe, pero esa persona a la que le estás hablando de ella no tiene conciencia de su existencia, y si no se la nombraseis, no podríais comunicaros con ella. Pensad en un libro. Eliminad esa palabra, *libro*, de vuestro vocabulario, ¿qué os queda? Una pila de papeles unida. Una pila de papeles que podría ser un informe, un intento de ordenación del desastre o un cuaderno. Con esto no quiero decir que el nombre venga antes que la existencia, sino que el nombre es necesario para la existencia de algo en nuestro imaginario. La tribu ainu, por ejemplo, tiene muchas más palabras que nosotres para el blanco, pues al vivir en tierras nevadas para elles el blanco tiene más tonos que para nosotres. Para nosotres, a lo sumo habrá dos, tres tonos si no los agrupamos dentro del gris. Para nosotres esos tonos no existen, es todo blanco. Pero para elles sí, porque es importante en su cultura, en su medio, lo que evidencia que cada tono que conocen tenga nombre propio.

De este modo, cuando alguien se dirige a un grupo compuesto en un 90 % por mujeres como *los chicos*, *nosotros* y *empleados* está causando que le oyente, inconscientemente, se imagine un grupo de hombres. Todo esto es ajeno al hecho de que el masculino genérico se nos haya enseñado como el género no marcado, porque nuestra mente no lo percibe así. Nuestra mente percibe que, como el femenino es el género marcado, si no lo marcamos, no está.

Hay muchos estudios que abordan este hecho y sus similares, entre ellos *Sex, Syntax and Semantics*, de 2003, en el que Lera Boroditsky, Lauren A. Schmidt y Webb Phillips enseñaron a hablantes de español y alemán una combinación de objetos cuyos géneros gramaticales son contrarios en español y alemán y les pidieron que les asignasen adjetivos. El experimento fue en inglés, una lengua en la que ninguna de esas cosas tiene género. El resultado fue que les españoles calificaron sus puentes de género gramatical masculino como *estables*, *enormes*, *fuertes* y *peligrosos*, mientras que les alemanes calificaron sus puentes de género gramatical femenino (*die Brücken*) como *bellos*, *elegantes*, *frágiles* y *delgados*. Dio igual que el idioma que estuviesen utilizando en aquel momento no asignase género gramatical a las palabras que se les habían dado, porque en su idioma materno sí lo tenían y su subconsciente recurría a él de manera automática. Y esta identificación inconsciente afecta más de lo que pensamos. Investigadores de *The World Bank Group* escribieron un artículo de investigación en el que hablaban de cómo afectaba el género gramatical a la participación en el trabajo de las mujeres. Según les creadores del estudio, en lenguas que tenían un género gramatical el porcentaje de mujeres que participaba de la fuerza laboral era menor y la desigualdad, mayor. Hicieron este estudio con 4336 lenguas vivas y llegaron a la conclusión de que la existencia de los géneros gramaticales estaba relacionada con una reducción del 12 % en la población activa femenina y con un 12 % de brecha laboral entre los géneros. En otro estudio (Pérez and Tavits, 2019) que trabajó con un grupo de personas bilingües hablantes de estonio y ruso, les sujetos se mostraban más a favor de la igualdad de género cuando les entrevistaban en estonio, una lengua sin género, que cuando lo hacían en ruso, que sí lo tiene. Otro estudio demostró que en sociedades que crecen hablando un lenguaje con género es más probable que se dividan las tareas del hogar por géneros (Hicks, Santacreu-Vasut and Shoham, 2015).

Por eso, aunque defiendo el lenguaje no binario a capa y espada, en materia de plurales neutros creo que es mejor hacer una división: para las ocasiones en las que tengamos un grupo de personas con más presencia masculina que femenina, masculino genérico; para las ocasiones en las que tengamos un grupo de personas con más presencia femenina que masculina, femenino genérico; y para esas ocasiones en las que hablemos de grupos desconocidos o de manera generalizada, mixtos al 50 % o grupos en los que no queramos especificar, así como en esas ocasiones en las que el género usado pueda afectar negativamente a una parte de la población usaríamos el género no binario. De esta manera, del mismo modo que intenta conseguir el femenino genérico, daríamos voz y explicitaríamos la existencia de la mujer en la sociedad, ya que unas veces estaríamos marcando su presencia y otras no estaríamos invisibilizándola dentro de un masculino genérico, puesto que con el género no binario tendría el mismo grado de representación que el hombre. Y este no es un modelo tan novedoso, por muy extraño que nos pueda parecer. El francés hacía uso de esta regla gramatical —aunque solo entre femenino y masculino— hace unos siglos.

Para lo que sí me parece una herramienta no solo útil, sino necesaria, es para dirigirnos a personas desconocidas. Esto aúna tanto las generalizaciones del tipo *el hombre de la Edad Media* o expresiones como *el individuo de capa gris era misterioso*, ejemplo en el que el adjetivo *misterioso* concuerda en género con el sustantivo epiceno —y masculino— *individuo*. Si bien es cierto que no existe hoy por hoy ningún sustantivo para dirigirse a las personas no binarias o fuera del binarismo que no sea *persona*, nos suele traicionar el subconsciente cuando a *hombre*, en contexto de *humanidad*, le siguen una retahíla de adjetivos en masculino. Como sustituto de *hombre* siempre se podrían emplear otras palabras como, en ese contexto, *persona media, vasalle, ciudadane, labriegue, europee*, etc. Lo que nos ocupa aquí son los morfemas de género. ¿Os acordáis del salto semántico? Hagamos memoria: consiste en emplear un término en sentido genérico y, a renglón seguido, repetirlo, pero en sentido marcado. La mayoría de casos se suele dar en este tipo de frases referidas a un gran número de personas, donde nuestro subconsciente nos traiciona. Así que, si tenemos una herramienta para hacer que esto no suceda, ¿por qué no usarla?

La misma situación se aplica a la persona desconocida sobre la que estamos leyendo en una novela. Al ser el masculino la forma no marcada, a la figura misteriosa de nuestra historia se la trata en masculino durante toda la obra hasta que se revela su identidad. Si al final resulta ser un hombre, no nos sorprendemos, era lo esperado, con cada acción que hace en masculino, cada palabra que sale de su boca es trasladada a la masculinidad en nuestra mente. En el caso de ser una mujer, por mucho que le auter hubiera ido dejando pistas como que este personaje misterioso tiene las muñecas finas, unos ademanes más elegantes,

poca paciencia con el flirteo de algún compañero masculino...,
nos sorprendemos igualmente. Iremos hacia atrás en la novela, buscando esos indicios que hemos pasado por alto, porque
algo en nuestro interior se niega a creérselo. Nuestro cerebro
esperaba un hombre. Escrito en no binario, sin embargo, no
tendríamos tal problema.

Merece la pena mencionar que estas situaciones son típicas
en el campo de la traducción, donde el traslado de una expresión, frase o palabra puede ser no solo muy complicado, sino
un completo fracaso si no se usa el lenguaje no binario (López,
2019).

Otro ámbito en el que es muy necesario y útil el uso del
lenguaje no binario para referirse a alguien que no lo es sería en
el policial o, en general, cuando se necesita proteger la identidad de une tercere, como en el caso de testigos protegidos. O
testigos protegidas. ¿O sería mejor testigos protegides? Porque
aquí es de vital importancia no dejar que la mínima información sobre una persona sea descubierta. Si en un crimen hay
un número contado de testigos y solo una persona de un género determinado, al referirnos a ella especificando su género la
pondríamos en peligro, ya que facilitaríamos su identificación.
Lo mismo ocurriría al tratar con la prensa, por ejemplo, si tu-
viéramos que mencionar a una persona de quien es necesario
encubrir la identidad. Si hablamos de la acusada o la víctima en
términos femeninos facilitaremos la tarea de los medios para
encontrar a esta persona, lo que podría ponerla en peligro a ella
o a la propia investigación.

El campo en el que el lenguaje no binario es más necesario,
sin embargo, es y será siempre el de la expresión de las personas no binarias. Antes hemos establecido que si no le das un
nombre a algo, este algo no existe, ¿cierto? Aquí lo llevamos a su
punto álgido y me gustaría añadir una cita del cómic *Tránsito*,
comentado anteriormente. El primer momento de la historia en
el que se usa un término no binario ocurre cuando el protagonista, Javier, comenta con su hermana su experiencia de conocer a alguien trans por primera vez. Como no está seguro de su

género se refiere a elle como *esti Carlos/Carla*. Este *esti* está acompañado de una nota del autor, en la que Bermúdez explica: «He decidido utilizar la letra "i" como espacio pronunciable de nuestro idioma para fluir entre géneros, generando así un espacio audible para estas personas y con ello hacer causas para manifestar su existencia». Esta afirmación nos dice muchas cosas. Esa flexión que introduce Bermúdez genera, en sus palabras, *un espacio audible*, o sea, una existencia audible, perceptible, algo que ocupa espacio y se hace evidente. *Manifestar su existencia*, dice, porque eso es exactamente lo que toda persona no binaria hace cuando usa el lenguaje no binario para sí misma.

Las personas no binarias no somos un colectivo con demasiada visibilidad, y, además, tenemos muy pocos espacios entre los que movernos. El idioma español, siendo estrictamente binario, juega en nuestra contra, mientras que el lenguaje no binario nos da una pieza importantísima con la que participar en el tablero de juego. Sin esa pieza, no es que no seamos nosotres, es que no se nos *ve* serlo. Cada vez que una persona no binaria usa este lenguaje sale del armario, deja de poder esconderse en la anonimidad, empieza a existir en la mente de quien le escucha o le lee como alguien diferente. Cuando Bermúdez usa la palabra *pamis* por primera vez añade otra nota: «Pamis: palabra creada para incluir padre y madre en cualquier pareja, además de servir en singular para representar a alguien que se siente que vive las dos funciones». Yo iría más allá, *pami* es una palabra que se puede usar para referirse a una persona no binaria que tiene hijes. Recuerdo haber visto un documental hace tiempo, *Raised Without Gender*, de VICE, en el cual entrevistan a un matrimonio sueco que educa a sus hijes fuera del binarismo de género. En esta pareja une de les progeniteres es intersex y se siente más a gusto con el término *mapa*, por lo que ha enseñado a sus hijes que ese es el término correcto para referirse a elle.

Todos estos términos, aunque no flexionados con la -*e*, pues los sustantivos desde los que se crean son heterónimos (cambian de género desde la raíz, como *mujer* y *hombre*), siguen perteneciendo al lenguaje no binario en virtud de que existen para su beneficio y el de las personas no binarias. Como será evidente a estas alturas, el lenguaje no binario es esencial para la gente no binaria. No toda persona no binaria usa este lenguaje, pero muchas lo encuentran útil y necesario.

Un último uso del lenguaje no binario que, en mi opinión, no puede ser sustituido por nada, es el de la traducción de otros idiomas. Traducir es trasladar a una lengua lo que se ha dicho en otra, lo que requiere que en las dos signifique lo mismo y, de no ser posible, que se incluya una nota de le traducter explicando por qué. Si traducimos un texto de una forma, sabiendo que la verdadera manera de hacerlo es otra, por mucho que nos pese, no estamos traduciendo: nos estamos inventando el texto. Y según Ártemis López, «Si te dedicas a la traducción o la interpretación y en tu trabajo todavía no has tenido que traducir un texto claramente no binario, antes o después tendrás que hacerlo». Como ya hemos explicado, el lenguaje no binario es una herramienta muy útil para que la gente no binaria se exprese, pero la gente no binaria no solo existe en español, estamos por todo el mundo y hablamos todo tipo de lenguas. Por ello, es imperativo el uso del lenguaje no binario en textos que hablan de personas no binarias de otros países o que traducen sus palabras. Tan importante es que la gente se pueda expresar a sí misma como que no usurpemos sus palabras. En su artículo, López pone el siguiente caso: «Por ejemplo, tanto Asia Kate Dillon como Indya Adrianna Moore usan pronombres neutros en inglés, pero frecuentemente se les traduce en femenino, un error de traducción exactamente tan grave como traducir a Barack Obama en femenino». Más adelante comentaremos otros casos específicos; de momento, espero que la necesidad de la traducción no binaria haya quedado clara.

Otro aspecto de la traducción es el de lo desconocido o lo que se quiere ocultar. Muchas veces nos hemos encontrado con textos que en inglés eran ambiguos porque así lo quería le escriter, pero al tener que traducirlos y no encontrar equivalentes, se optaba por la traducción más fiel a la verdad. De aquí que cuando se tradujo el título de *The Last Jedi* al español hubiera tantes fans enfadades. En inglés no se podía saber si el sujeto era mujer u hombre, una persona o varias, por lo que la expectación estaba a la orden del día, pero en español la traducción fue *Los últimos Jedi*, ya que no había ninguna otra manera de no descubrir el pastel. Jorge Diz Pico habla de esta anécdota en su artículo «Le últime jedi y otros usos del neutro», así como de otras situaciones en las que el masculino genérico falla en su cometido o en el que, simplemente, el binarismo de la lengua española arruina la intención original de le auter. Volviendo a tomar el inglés como ejemplo, es mucho más fácil en esta lengua esconder la identidad de un personaje, pues no hay desinencias de género y solo hace falta un pronombre, pero ¿qué pasa cuando tienes que traducir esta situación? No solo tienes que traducir un pronombre, sino reescribir toda frase en la que se haga referencia a esa persona para que en español no se note. Esta es una tarea ardua y no siempre posible debido al material original. Traducir cualquier caso similar con masculino genérico sería un error. Con anterioridad, dijimos que el masculino genérico se queda corto para estas situaciones cuando ocurren en un texto originalmente en español, pero en materia de traducción es aún peor, pues no estaríamos siendo fieles al material original y nuestro texto no provocaría las mismas sensaciones en le lecter que el original, que ya habría sentado un precedente.

3
Construcción del lenguaje no binario en la lengua española

Hemos llegado al meollo que nos ocupa: cómo insertar de manera natural el LNB en la gramática española.

En este apartado recopilo diversas propuestas para la integración del LNB en el idioma español que son ya usadas por personas no binarias y sus aliades. En su mayoría son formas aceptadas por la comunidad, popularizadas a través del tiempo, pero también hay alguna que otra propuesta que me resulta interesante. La gran mayoría de la información que recojo aquí la publiqué hace unos años en un *post* en mi blog personal que he visto citado en numerosas ocasiones. Antes de proseguir con los ejemplos, me gustaría mencionar que en materia del lenguaje no binario siempre hay que tener en cuenta que nada está tallado en piedra. La lengua es un ente cambiante y el lenguaje no binario, que está actualmente en formación, todavía más. Por tanto, no toméis estas propuestas como algo prescriptivo, sino como una representación de lo que he experimentado a lo largo de mi viaje usando el lenguaje no binario y de las soluciones a problemas que tanto yo como otras personas hemos encontrado. Está basada, en la medida de lo posible, en las reglas de la gramática española, para hacer el aprendizaje más fácil y el uso más natural, pero el español no está hecho para tener un tercer género y, por lo tanto, se le ha tenido que hacer espacio a trompicones en ciertos lugares. El lenguaje no binario está creado por miles de personas que han puesto cada una su granito de arena y no solo me gustaría recordar este hecho, sino también animar a quien lea este libro a buscar soluciones personales a los problemas que plantea. El lenguaje no binario lo hacemos todes, pasito a pasito, sin dejar a nadie atrás.

Pronombres

El pronombre personal tónico de tercera persona en neutro que usa la mayor parte de la gente en español es *elle*. Los demás pronombres personales tónicos se flexionan cambiando el morfema de género -*a*/-*o* por -*e*. Los preposicionales *conmigo*, *contigo* y *consigo* no cambian, al igual que *usted/ustedes*.

Pronombres tónicos personales:

	Singular	Plural
1.ª persona	Yo	Nosotres
2.ª persona	Tú	Vosotres
3.ª persona	Elle	Elles

Otros neopronombres de tercera persona de los que tengo constancia serían: *ilud*, sacado del latín y cuyo uso he presenciado por personas que conozco, pero está poco extendido; *ellu*, *elloa*, *il*, *ól*, *xelle*, tengo pruebas de su existencia, pero no he presenciado su uso; y el ya mencionado *elli* del cómic *Tránsito*. Los enumero por si se emplean en otras variedades del español con las que no estoy familiarizade. Otros neopronombres que he encontrado, pero que no considero dentro del paraguas del lenguaje no binario, serían aquellos que usan símbolos gráficos en lugar de las vocales, como la @, la *x* y el *.

En los pronombres personales átonos los únicos que cambian son los de tercera persona, que pasan a ser *le* y *les*. Estos son los pronombres que usamos como objeto o complemento directo de persona: *Álex quiere escaparse, ¡síguele!* o *¿Conoces a mi hermane? Sí, ¡le conozco!*

Demostrativos:

Singular	Plural
Este	Estes
Ese	Eses
Aquelle	Aquelles

Ejemplos:

- -Estes hermanes míes son un desastre.
- -A eses estudiantes les conozco.
- -Aquelle que tenga preguntas que me las mande por mail.

Posesivos:

			1.ª pers.	2.ª pers.	3.ª pers.
Une poseedore	Átonos	Singular	Mi	Tu	Su
		Plural	Mis	Tus	Sus
	Tónicos	Singular	Míe	Tuye	Suye
		Plural	Míes	Tuyes	Suyes
Varies poseedores	Átonos	Singular	Nuestre	Vuestre	Su
		Plural	Nuestres	Vuestres	Sus
	Tónicos	Singular	Nuestre	Vuestre	Suye
		Plural	Nuestres	Vuestres	Suyes

Ejemplos:

-*Nuestre amigue se llama Sanya.*
-*Es hermane míe / es hermane tuye / es hermane suye.*
-*Es vuestre más fiel sirviente.*
-*Nuestres adres están al caer.*

¡ATENCIÓN!

Puesto que en el español no existen los objetos de género gramatical neutro los posesivos solo se deberán flexionar cuando se usen en referencia a una persona, nunca a un ser inanimado. Cierta gente ha elegido usar el lenguaje no binario con animales por el hecho de que un animal no tiene género e, igual que buscamos que no se nos nombre por nuestro sexo o nuestras características sexuales, prefieren referirse a sus mascotas o a cualquier animal en general con el género neutro. Sería equivalente a trasladar el pronombre neutro inglés para objeto *it* al español, pero como en español los pronombres neutros de objeto se perciben como irrespetuosos, ya que nunca se han usado con personas, a menos que fuera de manera despectiva, ni con animales, para algunas la neutralidad del lenguaje no binario es preferible. Sobre este uso del LNB prefiero no tomar partido en este libro, aunque personalmente opino que, dependiendo de la persona y de para qué, une puede o no usarlo.

Otros:

Los pronombres reflexivos, tanto tónicos (*mí, ti, sí*) como átonos (*me, te, se, nos, os*) no cambian.

Los pronombres numerales se flexionan según las reglas gramaticales: se añade la desinencia -*e* solo en las palabras donde haya morfema de género (*segunde, cientes, ambes*) y el resto se mantienen invariables, excepto el numeral del 1 (*une entre*

56

todes) y algunos más como las centenas a partir del doscientos (*somos doscientes alumnes*).

Los pronombres interrogativos y exclamativos permanecen sin cambios excepto *cuánto/a* en oraciones como: *¿Cuántes de tus amigues van a venir a comer?* y *¡Cuántes chiques guapes han venido hoy!*

Determinantes

Artículos:

	Femenino	Masculino	Neutro objetual	Neutro de persona
Singular	La	El	Lo	Le
Plural	Las	Los	/	Les

Ejemplos:

–*Les adres de Juan no quieren que llegue tarde.*
–*Le artista firmó muchos discos esa tarde.*

Indefinidos:

Algune, algunes	Ningune, ningunes
Bastantes (NC)	Otre, otres
Cierte, ciertes	Poques
Cualquier, cualquiera, cuales-quiera (NC)	Sendes
Demasiade, demasiades	Tal, tales (NC)
Escases	Tante, tantes
Cada (NC)	Tode, todes
Más, menos (NC)	Une, unes
Muche, muches	Varies

Notaréis que muchas formas en esta tabla no contienen singulares (*escase...*) y esto tiene su explicación. Al trabajar el lenguaje no binario únicamente con personas y no con objetos, muchas de las formas que se suelen añadir a la tabla de los indefinidos, como algunas en singular, que solo trabajan con objetos o nombres comunes, he decidido omitirlas en favor de una comprensión más clara. Ejemplo: *poca/o* se usa con sustantivos, por lo que al no haber todavía sustantivos de género neutro, no podría usarse en su forma neutra, que sería *poque*.

Podría haber eliminado también los indefinidos que no cambian, pero me parece interesante dejarlos como grupos de control, ya que se usan para personas y, en esencia, siguen siendo formas neutras que son parte del lenguaje de manera natural.

Algunos ejemplos para estas palabras:

–¿Algune de vosotres estará aquí mañana?
–Ciertes chiques que conozco querían venir.
–Demasiades de vosotres habéis entregado el informe tarde.
–Escases chiques piensan así.
–Muches de elles se sienten mal por el malentendido.
–Ningune de nosotres ha dicho eso.
–No conozco a ningunes otres.
–Otre me dijo que se apuntaba.
–Poques quieren venir.
–Ambas canciones fueron escritas por sendes músiques.
–Tantes de nosotres se han sentido así.
–Tode chique que se precie debería saber esto.
–Todes nosotres somos maravilloses.
–Me gusta une de elles.
–Unes sí, otres no.
–Varies han dicho que no.

Otros:

Los determinantes interrogativos, reflexivos y relativos no cambian en el LNB. Los determinantes posesivos y demostrativos tienen la misma forma que los pronombres del mismo nombre.

Adjetivos

Los adjetivos son relativamente fáciles de flexionar si observamos las reglas de la gramática española.

Femenino	Masculino	Neutro
Enfadada	Enfadado	Enfadade
Vaga	Vago	Vague
Blanca	Blanco	Blanque
Simpática	Simpático	Simpátique

Los adjetivos numerales se flexionan igual que los pronombres numerales, al igual que los demás adjetivos determinativos.

Ejemplos:

-Estoy *nerviose por la prueba del viernes.*
-Me *siento queride.*
-En ese *reino había une aguerride caballere.*
-Está *estátique de la emoción.*

Uno muy importante que hay que saber flexionar es *no binario/a/e*. Este adjetivo se usa con la *-e* si hablamos de alguien (*Anne es no binarie*), con la *-a* si nos referimos a alguien como persona o hablamos de un objeto/concepto con género gramatical femenino (*Anne es una persona no binaria* y *Tiene una postura no binaria del género*) y con la *-o* si nos referimos a un

59

objeto o concepto con género gramatical masculino (*El lenguaje no binario*). Solo si una persona no binaria ha usado ese adjetivo para referirse a sí misme con una declinación que no sea la neutra podemos usarlo con la *a* o con la *o*, la que esa persona haya empleado.

Sustantivos

Los nombres son los más difíciles de flexionar, porque tenemos muchos sustantivos masculinos que se adueñan de una forma neutra, como *señor*, donde el femenino se forma añadiendo una *a*; y otros en los que no ocurre, como *científico/a*. Así mismo, hay otros nombres con morfemas de género no corrientes, como *-tor/-triz*, que complican la flexión al neutro.

Palabras acabadas en -tor/-triz:

Este problema en particular ha encontrado una solución que me gusta mucho: el sufijo *-ter* proveniente del latín. Sustituye el sufijo arriba mencionado, pero difiere en su uso según la persona. Como ejemplos, he visto usar *traducter*, pero también *traductere* (plural de ambas: *traducteres*); así como *escriter*, pero no *escritere*; *auter*, pero no *autere*. De nuevo, son usos que consolidaremos con el tiempo. La utilización más temprana que he encontrado de este sufijo es en 2014 en Twitter, pero durante los últimos años ha aumentado su uso. En mi caso, conocí su existencia por un tuit de le auter Guille Jiménez en 2020 tras una conversación entre escriteres, traducteres y lingüistas, como pasó con mucha gente de mi entorno, que empezó a usarlo a partir de entonces. La traductora Herminia Páez Prado (2020), que también había adoptado su uso de la misma persona, señaló en una conversación que, con independencia de ello, había descubierto que mucha gente lo usaba por su propia lógica lingüística. El hecho de que varias personas que no han conversado nunca lleguen a la misma solución lingüística no solo demuestra que el lenguaje es flexible, sino que, en particular, el lenguaje no binario está teniendo una evolución muy natural a pesar de las quejas de sus detracteres.

-ter, una solución que se ha consolidado:

. . . .

-Soy lingüista y <u>traducter</u> de profesión, pero tuitere de vocación.
-Este <u>auter</u> es de mis preferides.

Palabras acabadas en esa, isa, ina y na:

Otro ejemplo de palabras difíciles de neutralizar: palabras como rey y reina, que forman su género femenino con *esa, isa, ina* y *na*. Teniendo el masculino *rey/es* y el femenino *reina/s*, el neutro podría ser *reine/s, reyne/s, reye/s* o, si usamos préstamos de lenguas cercanas, *roi/s, regine/s*. (Téngase en cuenta que estas opciones son dadas por mí). Para *príncipe/esa* las alternativas que he encontrado son *prin, prince, principese, princepese*; no he encontrado alternativas para *duque/duquesa* y para *héroe/ heroína* tampoco, pero quizás quedaría bien *hero/s*. La falta de reglas de formación conduce a que cada persona pueda experimentar por su cuenta, lo que podría propiciar que, finalmente, las palabras más naturales sean las que más se usen y popularicen. Por contrapartida, esta libertad durante el proceso de formación contribuye a que sea difícil decantarse por una determinada forma para el neutro de ciertas palabras.

Jugando con las alternativas:

. . . .

-Primero fue <u>prince</u>, luego <u>reine</u> y acabó abdicando para hacerse <u>republicane</u>. Desde entonces es mi <u>hero</u> y el azote de cualquier <u>duquese</u>.

Plurales con –es:

Otro de los problemas más prominentes lo tienen las palabras que forman plural con la -e de manera natural, como *señor*, que se flexiona en *señores*. En estos casos, yo suelo usar *señore* y mantengo el plural masculino para conseguir una uniformidad en la construcción de la -e, aunque en su momento teoricé *señoreis* o *señories* como plural para *señore*. Algo que llevo tiempo contemplando, sin embargo, es que podríamos copiar la estructura del sufijo -*ter* y aplicársela a los sustantivos que acaban en -*or* en masculino, como *profesor*, *estibador*, *inversor* y, por supuesto, *señor*. Nos quedaría así *profeser*, *estibader*, *inverser* y *señer*. Quizá ciertas palabras queden algo raras en la oralidad, pero otras como *profeser/es*, *estibader/es* se perciben más naturales.

A semejanza de -*ter*:

-Mis *amigues* son *unes* <u>*señeres*</u> de pies a cabeza, para nada son *señoros*.

¿Y qué ocurre con las palabras que no tienen estructuras similares, pero son variantes de género de un mismo concepto? Los ejemplos más claros son *mujer* y *hombre*, que actualmente no tienen alternativa neutra más allá de *persona*; y *damas* y *caballeros*, que cuenta con un tímido *arreglade/s*. Algunas propuestas que he visto y que no me desagradan son *ilustre/s* y *señoría/s*. Como alternativa a la frase en sí encontré *vuestras mercedes*, que me gustó mucho. Unas de las palabras más famosas que causan esta incertidumbre son las que se refieren al parentesco: *mamá* y *papá*. Como he mencionado con anterioridad, en un documental sobre Suiza vi cómo una pareja había adaptado la palabra *mapa* para referirse a le progeniter no binarie, pero esto acarrea sus propios problemas, pues no solo hay que adaptar *madre*, sino que también *mamá* y *mami*. Las alternativas en LNB que se utilizan más por ahora son *adres*, *xadres* y *neidres*, pero los diminutivos de estas palabras tampoco están consensuados. Para *neidres* podríamos teorizar *neinei*, *nené*, *neini* y *neni*; para *xadres* podrían ser *xada* y *xadi*; mientras que para *adres* serían *adá* y *adi*. Esta última es la que más se ha quedado conmigo a lo largo de los años y la que mejor me suena después de todo lo que he oído. Ártemis López teorizó en Twitter sobre los adjetivos relacionados (*paternal* y *maternal*), que podrían ser *aternal*, *xaternal*, *neidral*.

En la misma conversación una persona sugirió *zaza*, como opción que usaba con su pareja (López, 2019).

Otro concepto problemático son las abreviaturas de ciertas palabras y formas de cortesía, como *señor*, *señora* y *señore* (o *señer*). Posibles abreviaturas serían Sre. y Se.

Recordad siempre que hay más maneras de señalar el género que a través de la flexión, como con los artículos. Podríamos elegir decir *le poeta* en vez de buscar una flexión artificial. En todos estos casos, las flexiones y versiones adecuadas se consolidan por consenso. Yo animo a usar tanto las palabras que originalmente sean neutras como las del LNB. Y si existe una palabra masculina con flexión femenina, pero que acaba en *e*, como liante, también se podría adoptar esa palabra como neutra para mantener un uso unificado de la -*e*.

Unas propuestas:

• •

-Mis <u>adres</u> son unes liantes. Eso sí, desbordan instinto <u>aternal</u>.

4

Historia del lenguaje no binario en la lengua española

Como regla general, la mayor parte de la gente que oye hablar del lenguaje inclusivo, o del no binario, piensa que es una invención nueva. Pero no es cierto, el lenguaje no binario tiene más historia de la que pensamos.

La referencia más temprana que he podido encontrar al uso del lenguaje no binario nos viene dada de la mano de Álvaro García Meseguer, murciano nacido en 1934, que en 1977 escribió un libro llamado *Lenguaje y discriminación sexual*. Meseguer, que no era lingüista, sino arquitecto aficionado a la disciplina, publicó algunos libros de lingüística dedicados a los problemas del español al hablar de mujeres y, en general, a la tendencia que tiene a hacerlas desaparecer. En este libro en particular, Meseguer nos dice que hay una herramienta novedosa, una «muestra de ingeniería lingüística revolucionaria» que han adoptado en la Asociación para la Promoción y Evolución Cultural (APEC), según él «un grupo feminista nacido en 1974» al cual pertenecía su esposa. Adjunto cita: «Como objeto de no ocultar a la mujer en el lenguaje, en APEC no se emplea el género masculino con valor genérico, sino que se emplea la desinencia *e* como propia de la persona, es decir, como género común».

Meseguer prosigue con ejemplos de distintas situaciones en las que se puede llegar a usar esta desinencia, como preguntar a alguien qué tal está su bebé cuando no se sabe el género de este. A Meseguer le parecía una muy buena idea para remarcar el sexismo en ciertas situaciones, pero lo consideraba una solución imperfecta y le resultaba improbable que la -e se asentara en el habla, aunque «pone el dedo en una llaga». Para él era una senda por la que podíamos transitar para entender los problemas de nuestra lengua, una herramienta para ayudar al cerebro a desarraigar esa generización de cosas que no necesitan nada parecido y que hemos interiorizado a lo largo del tiempo: «[...] *solamente introduciendo un factor nuevo puede quebrarse el automatismo de las asociaciones mentales.* Ello justifica el empleo de la variante en e como intento de solución para sacudir la rutina mental, en el bien entendido de que esta solución [...] no necesita perpetuarse para lograr su objetivo, ya que si llegase el día en que todos les hablantes viesen personas y no varones tras el género gramatical masculino, *y ello a nivel inconsciente,* ya no sería necesario decir *todes les hablantes* y podría volverse sin problema al empleo de *todos los hablantes,* esto es, al masculino genérico» (Meseguer, 1977). En mi opinión este es un punto de vista harto positivo, ya que nadie dice que una vez acostumbrades a usar la -*e* no la adoptaríamos para siempre, dados los problemas del masculino genérico. Cosa que ya estamos demostrando con nuestro propio uso del lenguaje no binario en la actualidad. Finalmente, Meseguer llegó a presentar la desinencia como propuesta en conferencias lingüísticas, pero según su hija no tuvo buena acogida y se le ridiculizó bastante.

El uso más temprano de la desinencia -e del que se tiene constancia lo llevó a cabo un colectivo feminista de Murcia en los años 70.

Pero para el carro, Gabriel, ¿la primera propuesta de la -e no fue de la británica Sophia Gubb? ¡Si hasta lo pone en Wikipedia! Pues no, amigues, el lenguaje no binario tiene más historia de la que conocemos. Para quienes no estén al tanto, Sophia Gubb es una bloguera inglesa que estuvo en España durante su Erasmus y decidió idear una alternativa neutra para el español, como tienen en el inglés, para poder usar con su pareja no binaria. Aunque no puedo acceder a la fecha del artículo inicial puesto que la autora le ha dado un lavado de cara a su blog y ese *post* en particular no ha sobrevivido, se publicó antes de 2015, puede que en 2011. Y lejos de querer insinuar que Gubb sacó la idea de Meseguer y no le dio crédito, me parece muy interesante cómo dos personas tan diferentes y separadas por un período de tiempo tan amplio llegaron a la misma conclusión. No porque esta conclusión sea increíble, sino porque en el español, en realidad, tenemos muy poco con lo que trabajar, de tal manera que me parecería muy raro que nadie más hubiera tenido la misma idea varias veces en ese período de tiempo y, simplemente, no hubiera alcanzado notoriedad.

¿A dónde quiero llegar con todo esto? Meseguer se pasó muchos años pensando en el dilema del sexismo en el lenguaje y, aparte de la -e, la única otra respuesta que encontró al final de su vida fue que el español tenía más probabilidad de atar géneros a palabras y trabajar desde ahí, y olvidarse de desinencias y de cambios en palabras según la situación. Esta postura es compartida por M.ª Ángeles Calero Fernández, a quien ya hemos mencionado con anterioridad. Y, sin embargo, décadas más tarde, una británica llegó a la misma solución. Lo que me hace preguntarme: ¿y todas esas personas de la APEC que usaban la -e también? La desinencia de la -e no la inventó Meseguer y, en realidad, no sabemos quién la inventó. ¿La inventaron las mujeres del grupo feminista o la sacaron de otro sitio? Esta gente vivía en España, pero ¿y fuera de ella? ¿Y todas esas personas que probablemente pensasen en esta solución y de las que no sabemos nada? ¿Cuánta historia tiene de verdad esta herramienta del lenguaje que muches pretenden que no tiene futuro a pesar de llevar viva al menos cuarenta y cinco años? Y aún más importante: ¿cómo pretenden les detracteres del lenguaje no binario luchar contra algo que claramente está aquí para quedarse, porque si no se implementa hoy, volverá a resurgir más adelante?

Son preguntas que me dan mucha esperanza y me dejan el corazón calentito.

5

Precedentes y soluciones en otras lenguas

En esta sección abordamos los recursos que otras lenguas han encontrado no solo para el uso del lenguaje inclusivo, sino específicamente para el lenguaje no binario. Todas las lenguas son diferentes y cada una aporta soluciones de manera distinta, por lo que considero muy importante tener un conocimiento básico del camino recorrido por otros idiomas en este asunto. En los más cercanos al nuestro, como el italiano o el francés, encontramos ejemplos de estrategias que podemos aplicar en nuestra propia lengua, así como ver nuestras experiencias con el lenguaje reflejadas en la otra; mientras que en los idiomas lejanos al nuestro, como el inglés y el alemán, podemos encontrar planteamientos novedosos que nos ayuden de formas que no habíamos previsto.

Inglés

Como hemos señalado, el inglés es un idioma muy diferente al nuestro, puesto que viene de una subfamilia de lenguas distinta

73

a la nuestra. Como es bien sabido por tode lingüista y es, probablemente, desconocido por el resto de la gente, tanto nuestro idioma como el inglés, el alemán y la mayoría de lenguas europeas tienen su origen en el protoindoeuropeo, que es un lenguaje ancestral que se teoriza es el idioma desde el que se ramificaron todos los demás dentro de la familia de las lenguas indoeuropeas. Este idioma existió por el 3000 a. e. c. y ha sido reconstruido en parte, pero lo que realmente nos interesa de él son las subfamilias en las que se descompone: la albanesa, la armenia, la báltica, la céltica, la eslava, la germánica, la griega, la indoirania y la itálica. Como podréis adivinar, el español procede de la rama itálica, mientras que el inglés pertenece a la rama germánica. Esto nos explica por qué hay tantas diferencias entre estas dos lenguas: porque hace tanto tiempo que las ramas se separaron que es inevitable que la base de ambos idiomas no tenga mucho que ver.

En el inglés, la única manera de aplicar género a alguien es a través de sus pronombres (que normalmente se describen dando el pronombre sujeto y el pronombre objeto, como en *she/her*) y a través de ciertos sustantivos heterónimos, como *actor/actress*. Como tal, es un idioma en el que es muy fácil no dar a conocer el género de otra persona o de une misme, ya que además los pronombres solo se usan en tercera persona. Esta es la razón de que la costumbre de preguntar los pronombres de alguien o presentarte con tus pronombres al conocer a otra persona se haya vuelto un hábito tan importante para la comunidad LGBTIA+ y sus allegades. Porque si lo importante es no equivocarte con el género de esa persona, siempre y cuando tengas sus pronombres es muy fácil no caer en el error. Para personas no binarias, y para mí en particular, es un idioma increíblemente cómodo para expresarse, pues no existe la necesidad constante de cambiar palabras o fijarte en lo que dices para comunicar lo que necesitas. Es un idioma relajado. Es un idioma muy bien indicado también para hablar de manera neutra, pues posee un pronombre de género neutro plural que lleva siglos siendo usado para hablar de personas desconocidas en tercera persona, lo cual sienta un valioso precedente para el uso que se le da actualmente. El pronombre en cuestión (*they/ them*) tiene más de ocho siglos de antigüedad, como indica el Oxford English Dictionary en un artículo público en su página web (traducción propia):

«El Oxford English Dictionary rastrea el uso más antiguo de *they* en singular en 1375, donde aparece en el romance medieval *William and the Werewolf*. Aparte del lenguaje antiguo que emplea el poema, su uso del *they* singular para referirse a alguien desconocido parece muy moderno. [...] Teniendo en cuenta que las palabras pueden existir en la oralidad durante mucho tiempo antes de ser escritas, es probable que el *they* singular fuera común incluso antes de finales del s. XIV. Esto hace que este antiguo término sea más antiguo todavía» (Baron, 2018).

William and the Werewolf es un romance medieval de 1375 que en origen era francés y fue escrito por Guillaume de Palerme. No fue hasta el siglo XVIII que les filólogues alertaron de que este uso de *they/them* era, a todas luces, un error de la lengua, porque un pronombre plural no se puede usar en singular. Muy jocosamente, el OED indica que debieron de olvidarse del propio pasado del singular *you* como plural (traducción propia):

«*You* funcionó como singular educado durante centenas de años, pero en el siglo XVII el *you* singular sustituyó a *thou, thee* y *thy*, excepto por ciertos usos dialectales. Este cambio se encontró con cierta resistencia. En 1660, George Fox, el fundador del quakerismo (Sociedad Religiosa de los Amigos), escribió un libro entero llamando a todo el que usase el *you* singular idiota o necio. Y los gramáticos del siglo XVIII como Robert Lowth y Lindley Murray examinaban de manera regular a sus estudiantes sobre el uso del *thou* en singular y el *you* en plural a pesar de que les estudiantes usaban *you* en singular cuando sus profesores no miraban y les profesores usaban *you* en singular cuando sus alumnos no miraban. Cualquiera que dijese *thou* o *thee* era visto como tonte o necie, o quakerista o como mínimo horriblemente desactualizado» (Baron, 2018).

Esta anécdota parece sacada de nuestros tiempos, ¿no creéis? Dos siglos después de toda esta polémica, los académicos volvieron a aprobar el uso del *they/them* singular, remarcando su utilidad para ciertas situaciones. Según el OED, el *New Oxford Dictionary of English* (1998) lo usaba en sus definiciones, y el *New Oxford American Dictionary* (edición de 2010) remarcó que *they/them* estaba aceptado de manera general con indefinidos y que era «común pero menos aceptado» con nombres definidos. En este aspecto, hay que remarcar que el OED es un diccionario ejemplar del que nuestros propios diccionarios deberían aprender. Si bien es obvio que la historia tan amplia de *they/them*, claramente, hace la aceptación de este pronombre más fácil para las organizaciones inglesas.

Otro diccionario modélico es el Merriam-Webster, que en septiembre de 2019 añadió el uso de *they/them* como pronombre empleado por personas no binarias, incluyendo una aclaración de su pronombre reflexivo: *themself*. Junto con la inclusión de *they/them*, el Merriam-Webster incorporó también unas notas de uso en las que clarificó que habían añadido la palabra por su utilización en la actualidad, «igual que con cualquier otra palabra». El Merriam-Webster lo llama *they* no binario y remarca de manera similar al OED que la gente que se queja de que su uso es difícil e incorrecto desde el punto de vista gramatical debería pensar que lo mismo pasa con *you* singular y este ha sido perfectamente gramatical desde hace siglos. Y según el Merriam-Webster, *they/them* lleva siglos siendo utilizado en singular para hablar de personas desconocidas sin que mucha gente sea consciente de que están haciendo uso de él.

They/them se usa en inglés igual que se usa you, hecho que confunde bastante a la gente.

Según el *Washington Post* (Berger, 2019), tanto William Shakespeare como Jane Austen, Charles Dickens y George

Bernard Shaw usaban *they* en sus obras sin problema alguno, hasta que en la época victoriana los gramáticos impusieron el pronombre masculino *he* como el estándar. Informa también de que elles mismes lo añadieron a su libro de estilo en 2015 y lo mismo pasó con el *Associated Press Stylebook* en 2017, el libro de estilo de oro para periodistas estadounidenses. Y en 2015, la American Dialect Society (Marquis, 2016) estableció el *they* singular usado como género neutro para gente no binaria como su palabra del año. También ganó la categoría de palabra más útil.

Con un lenguaje tan universal como el inglés no sería justo que no añadiese un apunte sobre cómo usarlo, para la gente que le confunde. Porque si bien su uso en frases coloquiales como A *student should always listen to their teachers* es natural —y resulta muy satisfactorio ver cómo detracteres del *they/them* lo usan sin darse cuenta—, cuando hablamos de personas que conocemos nuestro cerebro suele tener más dificultades. Hemos racionalizado de tal manera que la gente solo tiene dos géneros que al hablar de alguien que conocemos nuestra lengua quiere automáticamente elegir entre *she/her* y *he/him*. Este proceso es muy curioso, pues, aunque podríamos argumentar que en nuestra lengua pasa lo mismo, lo que sucede en inglés es que *they/them* ya está dentro de la lengua, pero se le está dando un nuevo uso, y eso hace que las cosas funcionen de diferente manera.

Pero volviendo al tema de la construcción del pronombre: como el OED señala, el *they/them* singular tiene muchas similitudes con el *you* singular, y una de ellas es su construcción. Por eso me parece tan gracioso cuando la gente se queja de la supuesta contradicción entre *they/them* y las construcciones verbales que utiliza. Estamos acostumbrades a los pronombres de la segunda persona en plural indistintamente del número de personas del que hablemos, así como con el *they/them* singular de género desconocido, pero parece que ocurran cortocircuitos cuando tratamos de aplicarlo a personas conocidas cuando tenemos ambos ejemplos de cómo hacerlo. No sabemos si construir las frases en plural o en singular, ni cómo funcionan. Pero igual que en inglés diríamos *You are happy* (pronombre + plural del verbo + adjetivo) para hablar con una sola persona, diríamos *They are happy* (pronombre + plural del verbo + adjetivo) cuando hablamos de alguien en tercera persona. Como ejemplo, compondré un texto sobre alguien ficticio:

Sandra is my best friend. We've been together for years and <u>they</u> always <u>make</u> me laugh. <u>They are</u> someone of incredible brightness and joy. And when someone insults <u>them</u> it makes me really mad. I feel <u>their</u> anger and <u>their</u> pain and I wish I could do so much more for <u>their</u> happiness, so <u>they</u> never feel sad again.

(Sandra es mi mejor amigue. Hemos estado juntos durante años y siempre me <u>hace</u> reír. <u>Es</u> alguien de alegría y luz increíbles. Y cuando alguien <u>le</u> insulta me hace enfadarme muchísimo. Siento <u>su</u> enfado y <u>su</u> dolor y me gustaría hacer mucho más por <u>su</u> felicidad, para que <u>elle</u> nunca se vuelva a sentir triste).

Pero *they/them* no es el único pronombre que baraja la lengua inglesa. Quienes no están a gusto con él llevan bastantes años creando neologismos que usar en su lugar, tales como *xe/xem*, *ze/hir*, and *ey/em*. La Universidad Pública de Carolina del Norte en Greensboro incluso tiene una pequeña guía sobre cómo usarlos. Y algo todavía más interesante: se tiene constancia de que hacia el año 1700 existían dos pronombres neutros dialectales en el inglés llamados *ou* y *(h)a*. Según Dennis Baron en *Grammar and Gender* (traducción propia): «En 1789, William H. Marshall deja constancia de la existencia de un pronombre epiceno dialectal del inglés, el *ou* singular: "*Ou will*' significa *he will, she will*, o *it will*". Marshall rastrea el *ou* hasta el pronombre epiceno *a* del inglés medio, usado por el escritor inglés John of Trevisa en el siglo xiv, y tanto el OED como el *Wright's English Dialect Dictionary* confirman el uso de *a* en vez de *he, she, it, they* e incluso I» (Baron, 1986, p. 197). Eran pronombres completamente neutrales, puede que equivalentes al uso de nuestro pronombre omitido, pero en toda clase de situaciones.

Para acabar, dado que fue usado por William Shakespeare, Jane Austen, Charles Dickens y George Bernard Shaw, siempre que veo detracteres del *they* inglés me pregunto si en realidad piensan que todes elles estaban equivocades. El pronombre tiene tanta historia que estar en contra te convierte automáticamente en alguien que no sabe nada de su propia lengua. Y, como ya sabemos, la ignorancia es excusable, la acción ignorante no.

Francés

Como con nuestra lengua, el francés está diseñado de manera que la generización de las personas está tallada en lo más profundo de la lengua. Es un lenguaje binario en el que singulares y plurales acatan la necesidad del género de la persona a la que se refieren. Y como con el español, hay gente que quiere cambiar esto. El francés tiene un proyecto de lenguaje inclusivo que parece tener aún peor acogida entre la clase dirigente que nuestro propio lenguaje no binario o, incluso, nuestro inclusivo. En 2015 el inclusivo parecía tan buena idea que la comisión para la igualdad recomendó su uso y fue empleado por ministerios, universidades y colegios. En 2017, sin embargo, la Academia Francesa de la Lengua lo tachó de aberración y el primer ministro Édouard Philippe prohibió su uso en documentos oficiales (Tabary, 2017). Y en 2021 el Gobierno francés prohibió su uso oficialmente en la enseñanza nacional, deshaciendo el trabajo de varios años. ¿La razón? Pues bien, resulta que su inclusivo tiene bastante que ver con uno de los nuestros, en particular el que usa la *x*. El inclusivo francés emplea puntos a mitad de palabra (el llamado *point médian*, punto medio) para destacar por separado los morfemas de género. Como la flexión de género femenina francesa se suele montar sobre la palabra masculina, con el punto medio vemos las dos variaciones del género a la vez. De esta manera, *ami·e·s* es la versión no binaria del masculino *amis* y el femenino *amies*, así como *député·e·s* es la versión no binaria del masculino *deputés* y el femenino *deputées*. Al igual que con la *x*, es un sistema deliberadamente escogido para que quien esté leyendo se sorprenda y haga una pausa para reflexionar sobre lo que lee. Pero del mismo modo que ocurría con la *x*, es ilegible, es un sistema imposible de trasladar bien a la oralidad. En su caso, porque pausa la conversación en momentos poco naturales.

Hablando de la oralidad: según un estudio en 2020 realizado por Kris Knisely, les franceses que usan el lenguaje inclusivo saben perfectamente que no es trasladable y tienen tres estrategias para solventar este problema. La primera es el uso de adjetivos invariables y de aquellos que no presentan diferencias fonéticas al cambiar de género, aunque sean diferentes en su forma escrita; la segunda es el parafraseo, con el fin de evitar hablar con adjetivos variables en cuanto al género, cosa que se hace también en español; y la tercera es el empleo repetido de «alguien» y «persona» como sujetos de la frase en cuestión, de manera que las consiguientes palabras concuerden en género con ellas. En cuanto a los nombres, se intenta aplicar estas mismas estrategias y, cuando estas fallan, se recurre a neologismos.

Es interesante observar que los argumentos en contra del francés inclusivo se reducen a los mismos que se hacen al español inclusivo que emplea *x* y @. No porque los argumentos no sean reales, es cierto que dificultan la lectura y solo son útiles en forma escrita, pero nadie que esté en contra sugiere cambios a mejor u otras alternativas. Y yo diría que no están en contra de esa particular forma del lenguaje inclusivo, sino del concepto del lenguaje inclusivo en sí. Aunque sea de manera inconsciente. También resulta chocante el argumento de que «dificulta el aprendizaje». ¿Pero a quién? Eugénie Pettigrew-Leydier, ortopedagogo, señala que el inclusivo hace difícil el aprendizaje del francés para alumnes con problemas relacionados con el aprendizaje, como puede ser la dislexia (Bouhours, 2021). Y, aunque no soy experte en el tema, por lo que he leído, la superación de los problemas de aprendizaje mejora según el método empleado. También hay lenguas mucho más difíciles de aprender que el francés inclusivo y, sin embargo, las personas con problemas para el aprendizaje las adquieren igualmente. Esto no es una excusa, amigues. Se necesitaría estudiarlo con más detenimiento para poder afirmar de manera categórica que el lenguaje inclusivo es un obstáculo para las personas con estas dificultades. Sin embargo, si tenemos en cuenta que, al igual que el español —aunque este va algo más avanzado—, el francés inclusivo todavía está formándose, este sería el argumento más acertado de todos. Sobre todo teniendo en cuenta que, si hablamos del aprendizaje de lenguas extranjeras, que tengan dos géneros o tres no resulta determinante para aumentar su dificultad (solo hay que ver la experiencia de quien estudia lenguas arábigas).

Se podría clasificar el francés inclusivo que usa el punto medio como un inclusivo de transición que sirve al propósito del *shock*. Como ya hemos comentado antes, el inclusivo de la *x* contribuye a pausar la lectura y hace que le lecter reflexione sobre la lengua, y el propósito del punto medio es el mismo. Y como ocurre en nuestro idioma con la *x*, el francés inclusivo acabará evolucionando para dejarlo atrás excepto, quizá, para contextos específicos.

Pero el punto medio no es el único recurso que tiene el francés. Como sucede en español, hay otras palabras importantes en el discurso aparte de los sustantivos con morfemas de género y que necesitan alternativas para ser inclusivas.

En francés también disponen de pronombres y alternativas a sustantivos no flexionables, aparte de morfemas propios. *La vie en queer*, o LVEQ, publicó en 2018 en su blog homónimo un pequeño diccionario del francés inclusivo que he visto referenciado en diferentes artículos y que hablaba del uso actual que se hace de él. En este diccionario se discutían diferentes opciones para la construcción de palabras y se daban alternativas para otras como *padre/madre* (*baba*, *mapa*) e incluso *hombre/mujer* (*Lumme*, *Lœmme*), lo que me pareció bastante interesante dado que en español no nos hemos ni atrevido a plantearlo. Knisely también habla de estas alternativas al punto medio en su estudio, como el sufijo *-t*, aunque no parece muy extendido, además de la posibilidad de eliminar directamente los sufijos en una palabra, recurso que no hemos utilizado aún en nuestra lengua.

Pero algo más importante había en este diccionario: me refiero al pronombre *iel*, que recoge como el más popular de todas las opciones que propone. Y esto es importante porque en noviembre de 2021 el diccionario *Le Robert* anunció que había añadido este pronombre a su diccionario en línea (en dos de sus variantes ortotipográficas, en singular y en plural, para más inri), e incendió toda Francia en el proceso. El mismísimo ministro de Educación no tardó en quejarse por redes sociales. Y la respuesta del director general de *Le Robert*, Charles Bimbenet, a toda esta lluvia de quejas no se puede clasificar de otra cosa que de magistral. Aduce que, aunque no tiene mucha historia detrás en el diccionario, son conscientes de que cada vez se utiliza más. «Además, el significado de la palabra 'iel' no puede entenderse solo con su lectura [...] y hemos pensado que sería útil aclarar su significado para quienes se encuentren con ella, tanto si desean utilizarla como si, por el contrario, la rechazan» (RFI, 2021). Y la directora editorial del diccionario no se quedó atrás: «Las nuevas entradas del diccionario responden a las necesidades del locutor. [...] La lengua francesa es una lengua con marcado peso de género, lo que obliga a elegir entre dos campos, pero hay personas que no quieren hacer esa opción y que han encontrado una alternativa, y no nos corresponde juzgarla, porque nuestra función es simplemente de dar cuenta del uso de la lengua» (NAIZ, 2021). Es, en mi opinión, una actitud ejemplar.

Iel sería el equivalente francés de nuestro pronombre elle.

Pero es interesante el caso del francés y de su generización del lenguaje. Según *Le Petit Journal*, les historiadores y lingüistas franceses coinciden en que el francés de hace 400 años era más inclusivo, y que hubo una ola de masculinización del lenguaje en los siglos XVII y XVIII. Lo cual es todavía más interesante si lo contrastamos con el hecho de que hasta 2019 la Academia Francesa de la Lengua no aceptaba la feminización de las profesiones.

Como dato a considerar, Knisely habla en su estudio del «lenguaje no binario francés» y del lenguaje inclusivo por separado, dejando claro que les usuaries de estos lenguajes saben que hay una diferencia muy clara entre ambos. Todo lo que deriva del punto medio es lenguaje inclusivo, mientras que los neologismos y las alternativas que tienen por objetivo un lenguaje menos binario, más neutro, quedan clasificadas dentro del lenguaje no binario. Es curioso cómo nuestras experiencias parecen reflejarse la una en la otra, aunque más en el caso de España que en el de Hispanoamérica. Será apasionante ver a qué conclusión llegan a lo largo del tiempo.

Sueco

El caso del sueco es especialmente interesante. Del mismo modo que el inglés, tiene dos maneras de presentar el género de una persona: a través de pronombres y a través de nombres comunes específicos para cada género. Pero al contrario que el inglés, el sueco no tiene un pronombre neutro que se pueda usar en ciertas ocasiones, algo que el país ha echado en falta, pues no solo hemos asistido a la creación de uno, sino a la aceptación de este por gran parte de la sociedad sueca.

Suecia lleva ya muchos años siendo el paraíso de la igualdad para muches. En 2010 el Foro Mundial Económico (Rothschild, 2012) lo nombró como el mejor país en igualdad de género. Se enorgullecen de tener el mayor porcentaje de mujeres trabajadoras del mundo, un gran sistema de baja parental paritaria y de perseguir igualdad para les ciudadanes desde el gobierno. Teniendo en cuenta que la mitad de los miembros del parlamento son mujeres, van por buen camino. Pero para Suecia eso no es suficiente, lo que se percibe en la evolución que está experimentando su sociedad. Existen grandes centros comerciales que se deshacen de los marcadores de género en sus establecimientos y empresas de juguetes que modifican sus anuncios para que no sean específicos según el género, numerosos activistas que persiguen que no haya restricciones al nombrar a niñes, además de las ligas específicas por género en deportes como los bolos que han desaparecido. Está claro que les sueques continúan arrasando en materia de igualdad. Y uno de los ámbitos en el que esta postura ha tenido más repercusión ha sido el lenguaje.

En 2015, tras dos años de debate sobre el tema, la Academia de la Lengua Sueca —la misma que adjudica los Premios Nobel— añadió a su diccionario el pronombre neutro *hen* como pronombre para personas desconocidas, no binarias y como plural neutro. Para entonces, su uso era ya muy popular. El debate público (Washington Post, 2015) empezó tras la publicación del primer libro infantil para niñes *Kivi och Monsterhund* (*Kivi y el perro monstruo*), escrito de manera neutra y donde el personaje principal usa el pronombre *hen*. A la gente le gustó tanto la idea que se implementó muy rápido en lugares insospechados, como las guarderías. Tanto estas como muchos colegios lo usan como herramienta para enseñar a les niñes la igualdad y educarles de manera neutra. Su objetivo es que no haya barreras de género para elles, que se puedan desarrollar en un ambiente libre y creativo, sin prejuicios ni ideas preconcebidas de lo que une puede o no hacer, leer, jugar, vestir o ser. A lo largo de los dos años que duró la discusión, cada vez más establecimientos adoptaron la idea y para cuando llegó el momento de publicar la nueva edición del diccionario sueco, el uso de *hen* ya era el pan de cada día. Pero este pronombre tiene una historia más extensa, pues fue inventado en primera instancia en los sesenta (BBC, 2015) por feministas que buscaban una alternativa al masculino no marcado. Se inspiraron en el pronombre neutro *hän* finlandés que, como *they*, existe desde hace siglos (Moreno, 2015). Era también una alternativa interesante para quienes querían evitar el desdoblamiento y perseguían la economía en el lenguaje, postura ya defendida por el lingüista Hans Karlgren en 1994, pero tanto en ese momento como en los sesenta, no obtuvo la suficiente popularidad. No fue hasta la década del 2000 cuando volvió a resurgir al albor de la lucha trans e intersex.

> El *pronombre neutro* hen *ha sido aceptado oficialmente para hablar de personas desconocidas, no binarias y como plural neutro.*

En 2019 se publicó un estudio escrito por Margit Tavits y Efrén O. Pérez que analizaba tres experimentos realizados con la población sueca en una muestra de 3000 hablantes para comprobar si el nuevo pronombre ayudaba a la igualdad social. Los resultados confirmaron que la gente que usaba el pronombre neutro tenía menos probabilidad de presentar parcialidad hacia los hombres y que el pronombre mismo reduce el prejuicio inconsciente contra las personas que no son hombres. Se percibieron resultados parecidos usando pronombres femeninos. Según les académiques, estos resultados nos demuestran los efectos que la lengua produce en el inconsciente, que son reales y están atados a las estructuras lingüísticas del lenguaje. Asimismo, el estudio pone de manifiesto que los pronombres de género neutro (y, por consiguiente, en lenguas con géneros gramaticales también sus estructuras neutras) incrementan la aceptación de las personas de la comunidad LGBTIA+ y de las personas no binarias en particular.

Queda patente, amigues, que las estructuras neutras son una herramienta efectiva en la búsqueda de la igualdad en la sociedad.

Portugués

Sobre el lenguaje no binario portugués sabemos algo, aunque me gustaría tener constancia de más iniciativas.

85

Los debates sobre una lengua portuguesa más inclusiva se han sucedido desde 1970 en Brasil (Regiane, 2021). A finales de 2021 el Gobierno brasileño aprobó una ley que prohibía el uso del lenguaje inclusivo (y no binario) en los centros de enseñanza de Rondonia a petición de la Confederación Nacional de los Trabajadores en Establecimientos de Enseñanza (Swiss Info, 2021) y un mes más tarde la Corte Suprema de Brasil suspendió la misma ley (Deutsche Welle, 2021). A la espera del juicio, a diciembre de ese año todavía no se tenía fecha (ACI digital, 2022), y en mayo de 2022 el Ayuntamiento de Porto Alegre certificó un proyecto de ley que prohibía el uso del lenguaje inclusivo en centros educativos y en el propio Gobierno de la municipalidad. Finalmente, en febrero de 2023 el Tribunal Supremo Federal (STF) revocó la ley. En palabras del relator del caso, Luiz Edson Fachin, una «norma estatal que, bajo el pretexto de proteger a los estudiantes, prohíba el uso de la lengua portuguesa viola la competencia legislativa de la Unión» (Brasilia, 2023).

Por parte de Portugal, en 2019 se aprobó el uso del lenguaje inclusivo en todos sus documentos oficiales, pero no parece haber mención alguna acerca del lenguaje no binario.

En cuanto al uso del lenguaje no binario y su evolución, Luiz Carlos Schwindt, profesor de lingüística de la Universidad Federal de Rio Grande do Sul, publicó un artículo de investigación en el que exploraba las opciones existentes en el portugués a día de hoy así como la naturaleza del cambio y su uso en la actualidad.

Como en el español, en portugués formamos el género con desinencias, en su gran mayoría con la -*a* y la -*o*, y precisamente por ello parece estar desarrollando un lenguaje no binario a la par que el español en los países de Hispanoamérica que lo emplean. En su caso, sustituyen los pronombres *ela* y *ele* por las opciones *ile/ilu/elu/el* (Langhammer, 2021), y en las palabras que acaban en -*a* u -*o* se utiliza la -*e*, igual que en español, y la -*u* en determinadas palabras en las que la -*e* ya está en uso (como en la contracción *desse/dessa*, que significa *de ese/esa* y sería *dessu*). También utiliza el artículo *le*, y en la construcción de determinantes prefieren seguir la línea del femenino con palabras como *minhe* (*mi*), donde el masculino es *meu* y el femenino es *minha*. Sobre los pronombres, en un principio creía que el más usado era *ilu*, pero parece que le va destronando *elu*, que tiene su propia página en Wikipedia, en la categoría de neologismos, que presenta todo el sistema de su lenguaje no binario.

Y aunque esto no lo utiliza nuestro lenguaje no binario, sí que me llamó la atención el uso portugués de *-ries* para palabras cuyo plural es *-res/-ras*, como *profesor/a*. Esta es una terminación que personalmente me gusta para flexionar las palabras como *señor/a* en plural si no cambiamos la palabra a señer y la dejamos somo señore. También, como en el español, las alternativas con *x* y @ van desapareciendo por ser solo opciones escritas.

Merece la pena mencionar que en su artículo el profesor Schwindt hace un análisis de Twitter en el que estudia la frecuencia de uso de la palabra *amigue* en comparación con *amigo* y *amiga*, y es muy sorprendente descubrir que está bastante equiparada con las otras dos, lo que nos dice que, al menos en línea, el lenguaje no binario está vivo y creciendo, lo que se asemeja a nuestra situación en España.

Alemán

Como veremos a continuación, el uso del lenguaje inclusivo es parte de realidad del alemán desde ya hace varios años.

En 2014, por ejemplo, el Ministerio de Justicia Federal (Berger, 2019) mandó que todos los cuerpos del estado usasen fórmulas neutras en sus documentos, y muchas otras instituciones han seguido su ejemplo, incluso ciudades como Hannover. En un artículo en la revista virtual del *Goethe Institut*, la autoridad alemana en cuanto a enseñanza del alemán como lengua extranjera, el Dr. Steffen Kaupp, habla de cómo usar e integrar el lenguaje inclusivo en las clases de alemán y por qué le parece importante (Kaupp, 2020). Viendo los problemas que las variantes del alemán inclusivo presentan, el doctor dice preferir las alternativas que emplean nombres neutros, como *el alumnado* en español. Pero también habla de la importancia de referirse de manera correcta a la gente no binaria y nombra como pronombres alemanes neutros *Sier, sie_er, er_sie, em* y el pronombre *xier*. Este último se le atribuye a le artista Illi Anna Heger, que lleva desde 2009 trabajando con la lengua alemana para crear neopronombres que le sirvieran tanto a elle como a otras personas para expresarse a sí mismas. Heger nos cuenta en un apartado de su web personal que el pronombre *xier* tiene como mínimo diez años, apareció por primera vez en 2012 en la revista de música *Visions* al hablar de Rae Spoon, que usa el pronombre neutro *they* en inglés (Heger, s. f.). La revista en este caso actuó de manera modélica, consultando a le músique en cuestión y decidiendo traducir con *xier*. Según Heger el neopronombre se usa de manera habitual para traducir el *they* neutro y desde entonces ha ganado cada vez más popularidad. Actualmente es el neopronombre más usado.

Alemania está todavía en esa fase inicial de experimentación con símbolos con el propósito de provocar el *shock* del lector. El alemán cuenta con una serie de símbolos que sirven para el mismo propósito que el punto medio francés: separar los morfemas de las palabras (como *LehrerInnen, Lehrer_innen, Lehrer:innen* o *Lehrer*innen*). El más popular entre ellos es el asterisco y, como ocurre con Francia, está causando un verdadero debate de legibilidad aparte de sobre inclusión. Igual que con la @ y la *x*, son posibilidades impronunciables y, en el caso de *LehrerInnen*, escrito con la I de cortesía propia de este idioma, indistinguible de las palabras normales. Las opiniones sobre este lenguaje son de lo más variopintas, incluso entre los partidos políticos, y hasta hay quienes piden que se prohíba, al igual que ha pasado en Francia.

Les detracteres del lenguaje inclusivo citan estos problemas como ejemplo de por qué el lenguaje inclusivo no tiene cabida en el alemán. La ministra alemana de la Mujer, Christine Lambrecht, dirigió en 2021 una circular a todas las instituciones en la que pedía no usar los asteriscos, rayas o similares, pues «Los caracteres especiales como componentes de la palabra, en la comunicación oficial, no deben utilizarse» (Sánchez, 2021). Y digo todas las instituciones porque la mandó incluso a aquellas que no estaban bajo su jurisdicción, como la Cancillería. Pero del mismo modo que les alemanes pueden ignorar la circular al «pedir» y no «exigir» que no se usen ciertas formas del lenguaje no binario, también supone en cierto sentido una salvaguarda que permite usar todo lo que no sea un carácter especial. Por lo que en teoría no habría problemas en el uso de los pronombres no binarios y, cuando les alemanes decidan qué forma debe tomar el lenguaje no binario, podrán usarlo de inmediato en las instituciones sin mucha queja.

Según una encuesta de *Infratest Dimap*, dos tercios de les alemanes rechazan el lenguaje inclusivo, al que algunes llaman «antigénero» (Deutsche Welle, 2021). Y viendo la discusión que se está formando alrededor de este, yo diría que el rechazo tan drástico podría ayudar a la creación de un lenguaje no binario que fuera más aceptado.

Italiano

Del italiano vamos a hablar muy brevemente, ya que cuanta con ciertos hándicaps para la creación de un lenguaje no binario. Si bien tiene una construcción parecida al español, el italiano tiene un problema único entre las lenguas romances: solo les queda una vocal que usar para flexiones de género, la *u*. Para quienes no estén familiarizados con la sintaxis del italiano, en esta lengua el marcado de género femenino en singular se hace con la *a* y el plural se hace con la *e*, mientras que el marcado de género masculino en singular se hace con la *o* y el plural con la *i*. Como consecuencia, si quisieran crear un género nuevo como hemos hecho en el español, tendrían que usar la *u* tanto para singular como para plural. Usar la misma vocal para los dos resulta un tanto raro para algunes y también existen dialectos que la usan para el masculino, así que no es una solución perfecta. Hay quien ha optado por eliminar la marca de género y sustituirla por un asterisco, pero tampoco parece una solución muy popular, y ya sabemos las limitaciones del uso de caracteres que no se pueden trasladar a la oralidad. La tercera opción que se baraja es el uso de la *schwa* (ə), una vocal que no tenemos en el español, pero sí en inglés en palabras como *they* y *bird*. Sería como una mezcla entre la *e* y la *u* mudas. El problema que se plantea con ella es que oralmente se percibe como masculino, mientras que escrito se percibe como femenino.

Y desde luego es un problema para la clase dirigente y les lingüistas más aferrades a la tradición, que en febrero de 2022 lanzaron una petición para protestar contra el *schwa* que alcanzó más de 20 000 firmas. El tono de la petición es, a mi parecer, horrorizado en exceso, y en ella se habla de cómo les partidaries del *schwa* buscan destruir el italiano y todos sus avances lingüísticos en materia de género y muchas otras barbaridades que me hacen mucha gracia. En marzo del mismo año, la Accademia della Crusca, equivalente a nuestra RAE, escribió un artículo de opinión en el que recomendaba no usar el *schwa* en documentos oficiales, pues consideraba que no eran el lugar para experimentos, puede que porque había municipalidades que ya lo estaban usando en sus actas. Al mismo tiempo, un instituto de Turín decidió empezar a usar el asterisco en sus comunicados oficiales.

Si bien al lenguaje inclusivo y al no binario todavía les queda un largo camino en Italia, su futuro parece prometedor.

Ruso

La última lengua de la que vamos a hablar es el ruso. Es parecido al español en el sentido de que flexiona casi todas sus palabras, pero va más allá porque flexiona incluso los nombres propios y hasta conjuga los verbos por género, lo que hace que sus hablantes no binaries tengan bastantes problemas para comunicarse. En ruso no existe todavía una forma de hablar para las personas no binarias que funcione de manera efectiva, pero me parece interesante comentar su caso, porque las soluciones a las que han llegado son bastante transgresoras y muy diferentes a las que hemos buscado en nuestra lengua.

El ruso, igual que el español, cuenta con dos géneros y un neutro para objetos. Alguna gente ha decidido usar el neutro para objetos con el pronombre оно para sí mismes, pero muches lo perciben como una manera ofensiva de referirse a un ser humano. Esta solución también tiene el problema de que muchas veces se flexiona como el masculino y, por lo tanto, no logra una ruptura absoluta. Otra propuesta es usar el plural únicamente como sujeto de la oración (они) en una especie de paralelismo del inglés *they* (Abramov, 2020), en cuyo caso se usa solo el pronombre en plural mientras se deja el resto de la frase en singular. Esto suele causar confusión y no acaba de sonar tan bien como sus proponentes querrían. Y un último pronombre que he visto mencionado, si bien muy poco, es el neopronombre *ox*.

En un estudio que realizó Yana Kirey-Sitnikova de julio a octubre de 2016 salieron a la luz muchos otros métodos para neutralizar el lenguaje que demuestran que, aunque el ruso es uno de los lenguajes más difíciles para expresarse como persona no binaria, si existe la necesidad, se encontrará una solución. Los métodos usados por quienes respondieron a la encuesta, cuando no eran aquellos de los que ya hemos hablado, son de lo más variopinto y los más creativos que he encontrado hasta ahora. Alguna gente trataba de hablar comiéndose el final de las palabras para que no fuera perceptible la flexión de género (parecido al italiano), algunos usaban el plural de primera persona de la realeza y otres construían sus frases con el verbo en infinitivo o incluso en presente y futuro en vez de pasado. Si bien también había propuestas más impersonales (uso de la pasiva o evitar el uso de palabras con género), menciono estas otras por hacer obvio para quien las escucha que quien las usa no está hablando de manera normativa, lo que causa una ruptura del lenguaje y causa que le interlocuter tenga que pausar para reconocer lo que está pasando.

Cecil Leigh Wilson menciona en un artículo en la web del *Slavic and East European Journal* de la Ohio State University el trabajo de une activista llamade So*ni (el asterisco es parte del nombre), que tras unirse al proyecto del Language Neutralization Laboratory inventó una nueva partícula para conjugar en pasado, -*кшш* (leída -*kshi*), aunque no sirve para todos los tiempos verbales. Aun así, puede que esta sea la mejor solución hasta el momento para el lenguaje no binario ruso.

6
Uso actual en nuestra lengua

En la actualidad, el uso del lenguaje no binario está más extendido de lo que a alguna gente le gustaría creer. Si bien siempre hay que tener en cuenta que el uso del LNB por parte de personas no binarias es símbolo de otredad, de modo que es más fácil ver su empleo en contextos en los que se sienten segures. No olvidemos que para mucha gente ser identificades como pertenecientes al colectivo LGBTIA+, no digamos ya como personas no binarias, podría significar un riesgo para su seguridad.

En España, como lugar en el que vivo y en el que soy consciente de su uso, hay una cantidad creciente de gente que usa el LNB en su vida diaria. Las personas no binarias como primer ejemplo, pues es, como ya hemos discutido, el modo más fiel de referirse a sí mismes; pero también está creciendo su empleo en gente que no lo es. Podemos encontrar un gran número de ejemplos de su uso en las redes sociales, desde Twitter (ahora X), TikTok, YouTube o Facebook hasta blogs personales.

En Argentina el empleo del LNB es todavía más extenso que en España, aunque no lo conocen por ese nombre, sino por el de lenguaje inclusivo. El movimiento feminista ha abrazado su uso en muchos contextos y en marzo del 2019 *El País* reportaba su uso en la Manifestación del Día de la Mujer como adalid de la igualdad de género (Mantilla, 2019). El empleo del lenguaje no binario se extendió como la pólvora en Argentina después de que se le realizase una entrevista a Natalia Mira, una estudiante que actuaba de portavoz en un encierro en un centro educativo. Natalia Mira usó durante toda la entrevista la -e como terminación de género en un período en el que las protestas a favor y en contra del aborto tenían al país al borde del desquicio. Les detractores del cambio en la lengua, como José Luis Moure, de la Academia Argentina de las Letras, corrieron a advertir sobre el uso de este lenguaje, asegurando que «Estas polémicas se exacerban en periodos como este, cuando se celebra un congreso de la lengua. Las manifestaciones tienen, a mi modo de ver, un cariz político» (Mantilla, 2019); pero quedaba bastante claro para la mayoría de la gente que esto era una reacción natural de las estudiantes que abogaban por su uso y que no tenía nada que ver con perseguir cambios en la lengua. Según la escritora Claudia Piñeiro: «A las mujeres que lo utilizan les da exactamente igual lo que opine la Real Academia Española (RAE). Lo hacen y ya está» (Mantilla, 2019). De hecho, el fenómeno de les polítiques adueñándose del lenguaje inclusivo para ganar votos se produjo también en Argentina a raíz de este *boom* del lenguaje no binario, como cuenta Mantilla en el artículo, que habla de cómo los humoristas del país aprovecharon para hacer su agosto de aquelles que fallaban en su uso del LNB porque no lo dominaban lo suficiente como para usarlo de manera convincente: «Cuando algunos políticos han intentado llevarlo a la práctica no pueden mantenerlo porque antes hay que atenderlo debidamente, como si aprendiéramos una lengua extranjera. No solo se trata de intentar que cambien los sustantivos acabados en 'e', sino también los adjetivos, artículos y demás componentes de cada oración para que concorde [sic]. Eso implica un esfuerzo que contraría la tendencia natural aprendida» (Mantilla, 2019).

Pero por mucho que sus detractores se quejaran, en febrero de 2020 ya había ocho universidades que aceptaban su uso dentro del trabajo lectivo de todo tipo, según un artículo de ese mes en el diario *La Nación* (Filgueira, 2020). Como dijo Adrián Canelotto, rector de la Universidad Pedagógica Nacional

(UNIPE) de Buenos Aires, en el mismo artículo: «Hay que dejar atrás todos los sesgos de género del lenguaje. Ahora tenemos la posibilidad de cuestionar aspectos que no sean solo binarios». Según Vanesa Vázquez Laba, coordinadora ejecutiva de la RUGE (Red Interuniversitaria por la Igualdad de Género y contra las Violencias) de Argentina, se dispone de manuales y guías sobre el lenguaje no binario a fin de concienciar sobre este y que sirven de reglamentos para su adecuado uso. Esto es extremadamente importante, pues la falta de reglas en cuanto al lenguaje no binario es siempre uno de los principales argumentos que les detracteres del mismo esgrimen para argumentar su inutilidad.

Deutsche Welle, web de noticias alemana, se había hecho eco del uso del lenguaje no binario en Argentina ya en 2018 (Drazer, 2018), así como en Uruguay y en Chile, donde la presidenta Michelle Bachelet ya había hecho una pequeña excursión en el LNB en una entrevista. En aquel momento entrevistó a la doctora en Lingüística María Soledad Funes y a Elena Pérez, decana de la Facultad de Lenguas de la Universidad Nacional de Córdoba, quienes contaron a la web que este cambio era reflejo de luchas mayores en la sociedad y que había precedentes en el uso de la @ y de la x en textos. Según la Dra. Funes: «Seguirá existiendo mientras x pueda satisfacer las necesidades comunicativas de los hablantes». La misma web de noticias publicó otro artículo sobre el tema en marzo del año siguiente, en el que entrevistaba de manera más extensa a Elena Pérez sobre el tema (Drazer, 2019).

En agosto del 2020, Juan Eduardo Bonnin publicó un artículo en chequeado.com titulado «"¡Hola, chiques!": datos sobre uso del lenguaje inclusivo en la Argentina» en el que exponía los resultados de una encuesta que había realizado en Twitter dirigida a un público argentino con una muestra de 4.205 hablantes (Bonnin, 2020). Con ella estudió cuál era el grado de aceptación de les hablantes respecto a las distintas maneras de incluir a todos los géneros en el lenguaje y en qué medida lo usarían en su vida diaria. Para mi sorpresa, de un 64,7 % a un

74 % de les encuestades respondían que el lenguaje no binario les parecía aceptable al oído, dependiendo de su posición en la oración, mientras que solo de un 18 % a un 24,7 % de les encuestades respondían que les sonaba raro. A quienes les sonaba inaceptable solo eran de un 8,3 % a un 10,6 %. En la pregunta del uso personal, los números de las respuestas positivas eran más bajos, pero mucho más altos de lo que me habría esperado. De un 49,1 % a un 59,5 % de les encuestades lo usarían personalmente dependiendo de la posición en la oración. Si bien para Bonnin estos números eran muy desesperanzadores en cuestión de uso, para mí son bastante positivos. Siempre teniendo en cuenta que el público de Twitter es más joven que en otras plataformas como Facebook, lo cierto es que el número de personas que usan redes sociales hoy en día es muy elevado y en Argentina lo utilizaban en 2020 6,83 millones de personas. Según el portal web Aptus, un 58 % de sus usuaries tienen entre 16 años y 34 años, de modo que, aunque en su mayoría es gente joven, podemos considerar que en la encuesta de Bonnin había una mezcla relativamente homogénea de edades. Desde luego los resultados son mucho más positivos de lo que me esperaría de una encuesta en mi propio país.

Como dato notable, el propio presidente de Argentina, Alberto Fernández, usó el lenguaje no binario en un encuentro con el expresidente José Mujica, unas semanas antes de ser elegido. Pero dejando de lado politiqueos y maniobras, todavía no he visto que lo haya usado de manera pública ningún presidente o candidato a presidencia. Cuestión que no nos dice si es o no buen presidente, sino el peso que tiene el lenguaje no binario para la nación y la opinión pública de Argentina.

Lamentablemente, durante la edición de este libro, el presidente Javier Milei prohibió cualquier manifestación de lenguaje inclusivo en los documentos de las administraciones públicas argentinas.

Pero aparte de sus usuaries de a pie, el lenguaje no binario se ha extendido de manera mucho más lenta entre la prensa y el gobierno, sobre todo de España. Puede que Alberto Fernández usase el lenguaje no binario una vez, pero en España, que recuerde, solo he visto utilizarlo a una política, la ministra de Igualdad Irene Montero. Me suena más bien que la mayoría de las veces que he oído el lenguaje no binario en boca de une polítique ha sido para reírse de él. De igual manera, la prensa habla del cambio, pero no lo usa, incluso cuando debería ser obvio que es necesario.

Un caso muy evidente en este sentido es el de Sam Smith, conocide cantante y famose británique. Sam Smith anunció en marzo de 2019 que era una persona de género no binario, pero, al parecer, la gente no le hizo mucho caso, por lo que en septiembre se pronunció de nuevo para que se le tratase en consecuencia. Sin embargo, una semana después nos encontramos con un artículo de El País en el que se decía lo siguiente: «El cantante Sam Smith anunció el pasado marzo que no se sentía ni hombre ni mujer y pidió la semana pasada que se le trate con un pronombre neutro» (El País, 2019). El periódico ni siquiera intentó hacer «un triple salto mortal», como suelo decir, para no usar ningún género en su artículo, como optó por hacer la agencia Reuters. En el mismo artículo se menciona a otra agencia, Associated Press, que decidió seguir tratándole de masculino hasta que tuvo que rectificar ante las protestas. Al parecer, El País decidió seguir su ejemplo con la excusa del traductor, José Cabezas, de que: «El género en nuestro idioma está muy marcado en todas partes y todas las soluciones que se han propuesto son o bien muy farragosas o solo funcionan en lo escrito, como poner la x». Como podréis deducir, en aquella época el lenguaje no binario ya se conocía, por lo que habría sido muy fácil tanto su utilización como la justificación de su uso en caso de que la gente se quejase.

Paulina Chavira, en un artículo sobre Demi Lovato en El País, aduce que «Traicionamos el compromiso con la precisión y el manejo del lenguaje cuando nos referimos a una persona de género no binario con pronombres en masculino y femenino» (Chavira, 2021). Porque, en efecto, la tarea de une traducter es traducir, no inventarse. Da igual que como individuo rechaces el lenguaje inclusivo y el no binario, porque tu deber sigue siendo reproducir con la mayor fidelidad las palabras de le hablante original. Y si cambias el género de alguien porque a pesar de tener una manera de traducirlo eficaz no te gusta, no eres traducter, eres escriter de *fanfics*. Como dice Ártemis López en *Yo, elle y el lenguaje no binario*: «Nuestro deber como traductores, intérpretes y lingüistas es saber reconocer las realidades que los mensajes intentan transmitir y reflejarlas con la mayor fidelidad y claridad posibles» (López, 2019).

En España, el uso es más *underground*, pero poco a poco va afectando a otras esferas. La gente no binaria, por pura necesidad, es la fuerza mayor en este esfuerzo, pero en absoluto la única; y esto es muchísimo más evidente en los países de habla inglesa, donde no solo se usa el *they/them* para referirse a personas no binarias, sino también de manera inclusiva. En el mundo anglosajón es, además, más tabú ignorar los pronombres de una persona, puesto que son parte integral de la comunicación con la gente. Y al contrario de lo que pasa en español, no solo es más fácil hacer referencia a que se deben usar términos neutros con una persona, sino que también es más sencillo para quien recibe la información ponerla en práctica. Aun así, en los países de habla hispana cada vez hay más ejemplos de su utilización, lo que facilita hablar del tema, así como se va creando poco a poco una pequeña montaña de información y de precedentes.

El lenguaje no binario ya se ha visto en la traducción de varias series, como en el doblaje de *One Day at a Time* en Netflix, en el que aparecen dos personajes de género no binario que usan dos pronombres diferentes. Javier Pérez Alarcón tradujo *they/them* como *elle* y *ze/hir* como *elli* (López, 2019). Al mismo tiempo, en la serie *Pose*, también en Netflix, se usó varias veces el lenguaje no binario para traducir ciertas expresiones, si bien la mayor parte del tiempo se optó por el femenino genérico típico de las comunidades gais españolas. Que en su mayoría el LNB aparezca en traducciones del inglés, no significa que en España no existan productos audiovisuales que incluyan personajes NB. En la tercera y la cuarta temporada de la serie de Prime Video y

Tele 5 *El pueblo* (2019) aparece un personaje no binario, o en la más reciente 4 *Estrellas* (2023) de RTVE. Sin embargo, todavía nos falta mucho por conseguir.

En el juego *Hades* se introduce un personaje, Caos, creado a partir de un concepto griego y no de una figura mitológica, por lo que sus desarrolladores han decidido que sea no binarie en origen. En el proceso de traducción este personaje sufre mucho, sin embargo. Les desarrolladores se negaron a traducir el personaje con el lenguaje no binario, pues no era reconocido por la RAE ni se usaba «de manera histórica». En una conversación que tuve con elles en su servidor de Discord (servicio de comunicación en línea para comunidades) en octubre 2020 adujeron que si podíamos presentarles una figura histórica o mitológica que usase el lenguaje no binario en la realidad lo tendrían en cuenta para futuras referencias (D'Artemius, 2020). Es una exigencia sin sentido, teniendo en cuenta que no solo saben que no existe tal precedente, sino que lo piden para un personaje que ni siquiera existe en la cultura griega porque se lo han inventado elles. En enero de 2021, tanto esto como los grandes fallos de traducción pusieron en pie de guerra a les fans del juego y consiguieron que les desarrolladores (Supergiant Games) prometieran un parche para corregir errores (Cejas, 2021; G. Matas, 2021), pero la traducción de Caos nunca se arregló.

Un juego que empezó con mala traducción para su único personaje no binario, pero que sí se corrigió con posterioridad es el *Apex Legends*, de Electronic Arts, en el que el personaje Bloodhound se tradujo en primera instancia en femenino. Sin embargo, parece que la presión hizo que la compañía arreglase esta traducción y actualmente tanto en la página web del juego como en el doblaje al español dentro de este las referencias al personaje aparecen traducidas con lenguaje no binario. Su biografía en la página oficial ahora mismo le define como «Rastreadore tecnológique» y dice de elle: «Bloodhound es famose en las Tierras Salvajes por ser une de les mejores cazadores de La Frontera. Bloodhound era hije de dos ingenieros destinados a la central industrial *Un nuevo amanecer* de Talos» (EA). Poco a poco vamos avanzando y cada vez tenemos más contenido multimedia que usa el lenguaje no binario.

El mundo literario, por ejemplo, recibe actualmente cada año al menos tres libros que usan el lenguaje no binario de una manera u otra. A finales de 2018, *El Principito*, la famosa obra de Saint-Exupéry, fue publicada por la editorial argentina Ethos con la utilización del lenguaje no binario como sustituto del masculino genérico (Polemón, 2019). Esta traducción generó mucho debate, de gente que no le veía el sentido, de gente que criticaba las traducciones de diversos personajes. Otra traducción de un libro que no estaba escrito en ninguna versión neutra de un lenguaje al lenguaje no binario fue *El mensaje de Silo*, un libro de espiritualidad traducido por Jesica Maggio. Pero ninguno de estos dos libros fue el primero en usar el LNB. El primer libro en español del que tengo constancia que emplease el lenguaje no binario fue *Antihéroes*, de Iria G. Parente y Selene M. Pascual, en marzo del 2018 (Nocturna Ediciones). En él se utilizaba para un personaje de género no binario, y lo usaba tanto el personaje en sí como la gente a su alrededor para referirse a elle.

El primer libro en usar el lenguaje no binario de manera íntegra y nativa (no en una traducción) en Hispanoamérica fue *Vikinga Bonsái*, de Ana Ojeda, escritora y editora argentina, en agosto de 2019. Nos cuenta la historia de Vikinga Bonsái, que vive con su marido y su hijo, y que tiene una vida más bien anodina hasta que le proponen una cena entre amigas. Es una historia que parece normal hasta que se torna disparatada y en la que seguimos a Vikinga en una serie de sucesos a cada cual más variopinto que, la verdad, hacen que el uso del LNB sea casi lo menos destacable del libro. Es interesante que, precisamente por ser usado en una obra así, haga la experiencia más amena, pues deja de sorprender más rápido de lo normal al haber otras circunstancias a las que prestarles atención. Es una presencia de fondo, sin importancia, pero no por ello menos significativa. Al fin y al cabo, el uso del lenguaje en el día a día es anodino, no destacable, es una experiencia más cercana a la realidad que queremos crear.

En España, el primer libro en usar el lenguaje no binario de manera íntegra y nativa fue *El demonio en el interior de Siriel*, de Guille Jiménez Cantón, en diciembre de 2019 (Ediciones Dorna), por cierto, una historia fantástica. El personaje principal y narrador e es una persona no binaria que, además, usa el lenguaje no binario como plural neutro. Aunque de manera diferente a *Vikinga Bonsái*, el uso del LNB en esta obra persigue el mismo fin; no solo consigue reflejar la realidad de mucha gente, tanto en España como al otro lado del Atlántico, que usa el LNB en su día a día sin darle mayor importancia, sino también acostumbrar a le lecter a un uso anodino y normal de este. Esta fue la primera obra que leí que estaba escrita completamente en LNB, así que resultó refrescante y muy validante encontrarse con ella, sobre todo teniendo en cuenta que fui lecter beta y, por tanto, la disfruté mucho antes de su publicación.

Los años 2018 y 2019 fueron el punto de partida para la publicación y las traducciones de libros en lenguaje no binario. En la actualidad, he podido encontrar siete obras que usan de manera íntegra el lenguaje no binario a lo largo de todo el libro: las anteriormente mencionadas *Vikinga Bonsái* y *El demonio en el interior de Siriel*; y, además, *La tierra de las gemas*, un manga de Haruko Ichikawa (ECC Ediciones) que trata la existencia de toda una especie de seres sin género; la Tetralogía *El Tensorado*, de Neon Yang (Duermevela), que plantea una sociedad en la que se nace sin género asignado y este debe elegirse al llegar a la adultez; *Guía autista: Consejos para sobrevivir en el loco mundo de los neurotípicos*, de Daniel Millán López (editorial Lulu), que habla en lenguaje no binario a les lecteres porque explica el escritor que «La mayor parte del colectivo autista ha optado por usar el lenguaje inclusivo y el resto considera válido su uso, aunque no lo utilice habitualmente [...]»; *En las profundidades*, de Rivers Solomon y clipping. [así escrito] (Crononauta), con una protagonista que viene de un grupo de seres submarinos en cuya sociedad el género no está definido y su determinación es un tema muy personal; y *La sociedad no binaria*, de Alex Iantaffi y Meg-John Barker, que analiza comportamientos de la sociedad que se beneficiarían de un enfoque no binario y está escrite por dos personas no binarias.

En todas estas obras se establece el lenguaje no binario como el genérico de la lengua. Algunas tienen personajes no binarios y otras no, pero lo más importante es que normalizan su uso. Estas obras abren una ventana a lo que supone el empleo de este lenguaje en el día a día. Como he constatado a lo largo del tiempo y después de escuchar las opiniones de muchas personas, cuanto más usamos el LNB menos raro nos parece y más natural nos sale. Hay gente que no ha oído hablar de esta manera nunca y, sin embargo, empiezan a leerse un libro que lo usa y cuando lo acaban ya ni notan la diferencia.

En cuestión de uso del LNB como herramienta y traducción para gente no binaria tenemos muchos otros libros, pero vemos que también es más habitual encontrar obras autoeditadas en este apartado que en el anterior. Publicadas por editoriales tenemos la traducción de *Te deseo lo mejor*, de Mason Deaver (Crossbooks, Planeta); la de *Programando nunca jamás*, de Jenn Polish (NineStar Press); así como la de *Somos imposibles*, de Matthew J. Metzger (NineStar Press); y la de *La receta de la luna*, de Wendy Xu y Suzanne Walker (mabGraphic). La primera y la cuarta tienen un personaje no binario como protagonista, mientras que en las otras dos el personaje no binario es le coprotagonista de la obra.

Las obras con personajes importantes no binarios que usan el LNB son *Torres de Vinilo y Neón*, de Guille Jiménez Cantón; *Desde el verde*, de Irene Morales; y *El planeta perdido*, de Esther López Vera.

Pakminyó, de Felicidad Martínez (Editorial Cerbero) es un caso un poco especial que podríamos meter en la categoría de obras con mucha representación no binaria, pero sin personajes protagónicos. *En las profundidades*, de Rivers Solomon y clipping. (Crononauta), emplea el lenguaje no binario con el pueblo de la protagonista, cuyas gentes no tienen concepto de género público y social, sino que solo algunes de elles deciden establecer su género.

Se buscan mujeres sensatas, de Sarah Gailey (Crononauta) es parecida a *Pakminyó* en el sentido de que su uso es contextual. La protagonista vive en un régimen totalitario sin conocimiento de la existencia de personas no binarias, pero, una vez que empieza a tratar con elles, hace un esfuerzo por expresarse de manera correcta con el lenguaje no binario.

Por supuesto, estas no son todas las obras escritas que usan el LNB, sino solo algunas de las que yo he podido encontrar. Hay muchas más obras escritas que publicadas en editoriales, y en la época en la que vivimos es relativamente fácil autopublicar, sobre todo si lo haces por medio de un gigante como Amazon o de una plataforma como Lektu, de manera que la cantidad de obras que usan el lenguaje no binario seguro que es mucho más grande que el número de obras publicadas en editoriales que lo emplean. Tampoco he hecho mención de relatos cortos porque, aunque tengo la seguridad de que hay muchos (yo misme tengo uno), he preferido mencionar obras más largas, cuya trascendencia es mayor. Os animo a que busquéis todos esos libros que no aparecen aquí y que les deis una oportunidad. He nombrado los que me parecen más importantes, pero dejaré a final del libro la lista completa que he compilado para tode aquelle que quiera un libro nuevo que leer.

Aparte de las obras publicadas con editorial o autopublicadas, estamos en una época en la que hacer llegar tus ideas a otras personas es relativamente fácil de conseguir. Plataformas como Wattpad, aunque menos serias que Lektu, albergan miles de obras de extensión, tema y calidades diferentes. Si bien he sido testigo de cómo el lenguaje no binario se iba extendiendo poco a poco en los últimos años por las redes sociales y en la calle por toda la comunidad, es también muy obvia su difusión en plataformas como Wattpad y Archive of our Own (AO3), famosas no solo por las obras originales publicadas en ellas, sino también por los trabajos de fans (*fanfiction*) sobre series, películas y libros. En todas ellas he encontrado evidencias del uso del lenguaje no binario.

7
Posturas sobre el uso del lenguaje no binario

Las posturas a favor y en contra del LNB están muy polarizadas y, como se podría esperar, la gente que se opone suele ser más agresiva, más visible y más pesada. Los argumentos en contra a menudo pecan de simplistas, pero les detracteres se aferran a ellos como a un clavo ardiendo: que no tiene ni tendrá popularidad y morirá pronto, que dificulta el aprendizaje de la lengua, que es ilegible, que es un invento moderno de gente extremista, que es un atentado contra la lengua, que duele al oírlo, que parece catalán en vez de español, que no es un cambio natural de la lengua, sino que nos lo quieren imponer... Las quejas son interminables, algunas sin sentido; otras, invenciones del más alto calibre; y muy pocas realmente válidas. Pero vamos a analizar estas posturas una a una.

La RAE

La más oída y conocida es la postura de la Real Academia Española en cuanto al lenguaje no binario, así como el inclusivo.

Ya hemos hablado de ella anteriormente, así que resumiré las partes más importantes y daré un par de datos nuevos. La RAE apoya el uso del masculino genérico como herramienta natural del español para referirse a todo tipo de hablantes en un grupo mixto. Afirma que, al ser parte del lenguaje desde hace tanto tiempo, su uso está adaptado a nuestras necesidades y no es necesario ni modificarlo ni eliminarlo, pues cumple con todas sus funciones a la perfección. Como ya hemos visto con anterioridad, no solo no cumple con sus funciones, sino que muestra un grado considerable de error, genera confusiones y tampoco se construye a la perfección. Asimismo, muchas de las personas que lo usan no sienten que represente su existencia en una miríada de situaciones. Pero ¿por qué insiste tanto la RAE con el masculino genérico?

Como ya hemos visto, la RAE nació por el deseo de afianzar nuestra lengua en su momento más esplendoroso. Se buscaba fijar reglas, eliminar irregularidades y definir unas pautas para el lenguaje que les hablantes pudieran seguir para entendernos todes un poco mejor. No me malinterpretéis, me parece una idea muy buena —si bien un tanto prescriptivista— que nos ha ayudado a comunicarnos. Y, sin embargo, la RAE no deja de ser una asociación que busca registrar los cambios en la lengua y hacer llegar al mayor número de personas posible el correcto uso que deberíamos hacer de ella. Pero... ¿qué uso de la lengua es el correcto y cuál no lo es? Veréis, las reglas siempre vienen bien, sobre todo al principio. Les principiantes tienen que saber cómo funciona la lengua, qué conjugar con qué, cómo pueden expresarse exitosamente para que el resto de les hablantes les entiendan y cómo evitar meter la pata con lo que quieren decir. Pero esto no es un campo de fútbol. No estamos jugando al béisbol, ni al baloncesto, ni nos estamos clasificando para las finales de una competición de tenis. La lengua no tiene reglas por que sean la única manera de hablar en esa lengua, sino porque las reglas nos enseñan cómo la lengua está estructurada, de manera que podamos leerla, escucharla y comprenderla. Y si las reglas no sirven, se hacen de nuevo. En España no hablamos latín. En Francia no se habla galo. En Alemania no se habla germánico. En Europa ya no hablamos indoeuropeo. La RAE se ha establecido durante décadas, siglos, como la eminencia de la lengua española, siempre esforzándose por evitar la lacra del prescriptivismo, pero estando muy cerca de él. Y hoy en día vemos a muches de les miembros del Pleno de la academia hablando en contra del lenguaje no binario y del inclusivo.

La lengua no tiene que ser bella. No es un cuadro, es una herramienta.

Santiago Muñoz Machado, actual cabeza de la institución, dijo en 2020: «La posición de la RAE es clara. El desdoblamiento altera la economía del idioma. Y yo añado: y la belleza. Este tipo de variantes la estropean. Es una lengua hermosa y precisa. ¿Por qué tiene que venir usted a estropearla?» (Peiró, 2020). Como ya hemos discutido antes, la economía del lenguaje no es una regla ni una característica de la lengua, sino de les hablantes. Y se aplica según el contexto y de manera inconsciente, por lo que no hace falta enarbolarla como inamovible. La belleza de la lengua es una cuestión subjetiva que, desde mi punto de vista, estorba. La lengua no tiene que ser bella. No es un cuadro, es una herramienta. Si vamos a juzgar las herramientas a nuestra disposición según su belleza, me temo que deberíamos empezar a diseñar sierras de calar que tengan efectos especiales cada vez que queramos cortar algo. Y a mí me parece bella la lengua, pero me parece todavía más bello cómo esta cambia. ¿No es más bonita una lengua que está activamente viva y que podemos ver cambiar delante de nuestros ojos, asistir a su evolución y ser parte de ella que una lengua apolillada y estéril que solo podemos recoger en cuatro volúmenes de nuestra biblioteca? ¿No os parece fascinante asistir a la contradicción de un lenguaje que nació de otro reduciendo sus géneros de tres a dos, volver a requerir un tercero y añadirlo de nuevo? Sus usos son completamente diferentes, pero me parece muy interesante.

Pero las opiniones subjetivas de la RAE no son un invento moderno. En *Lengua en disputa: un debate sobre el lenguaje inclusivo*, libro que transcribe un debate que tuvo lugar en la VIII Feria de Editores de Buenos Aires, se recoge que Santiago Kalinowski contó una anécdota muy interesante sobre la definición que la RAE le dio al verbo *independizarse*. En la edición de 1927 del diccionario, la RAE definió este verbo como «neologismo inútil por *emancipar* o *emanciparse*», pues era un préstamo del inglés que había acabado siendo adoptado tras la independencia de América. Al parecer, un siglo más tarde de este proceso, la RAE seguía resistiéndose al uso de este término que, más allá de su utilidad, llevaba décadas empleándose y debía ser registrado. Y registrado de manera objetiva, como se merece todo término en uso de nuestra lengua. La queja en sí de que es inútil porque ya hay otro término que cumple su función no tiene fundamento alguno, teniendo en cuenta la cantidad de sinónimos que existen en nuestra lengua. Otro más no va a conducir a la muerte del idioma. Otra queja que tenían para con este término era que no estaba construido como manda la regla del español, ya que una construcción más fiel a esta sería «independenciarse» o similar. Esta queja, aparte de inútil porque la palabra existía ya y estaba en uso (y en mucho uso teniendo en cuenta el contexto que la acompañaba), es ridícula. Hay una razón por la que tenemos excepciones para las reglas, y es que las reglas siguen a la lengua y no la lengua a las reglas. Las reglas recogen puntos comunes que ayudan a le hablante a distinguir pautas para aprender y usar el lenguaje. Y puede que durante el Siglo de Oro la gente se dejase llevar en cuanto a aprender nuevas maneras de hablar, pero hoy en día tenemos una relación muy distinta con la comunicación a la de aquel entonces. Y el siglo pasado no está tan lejos como pensamos. Que la gente hable como quieres, en esta época, es imposible y resulta ridículo pretender lo contrario.

Hay una razón por la que tenemos excepciones para las reglas, y es que las reglas siguen a la lengua y no la lengua a las reglas

Pero mi mente divaga demasiado. La opinión de la RAE no cuenta ni debería contar porque no tiene derecho a dar opinión como institución en estos ámbitos. La RAE, como institución, tiene un único propósito al que debería ceñirse sin intentar extender su jurisdicción: recoger la lengua. Si los miembros de la academia quieren hablar de estas cuestiones, claro que pueden hacerlo, pero deberían hacerlo en nombre propio y en su contexto como lingüistas para discutir sobre el tema sin intentar imponer sus opiniones; y segundo, dejar de exigir que les hablantes usen la lengua de una manera específica. Solo entonces podremos tomarles en serio de nuevo.

Como nota adicional, a la RAE se le ha preguntado ya varias veces sobre el uso del lenguaje no binario específicamente para personas no binarias, y han esquivado la pregunta una y otra vez en una maniobra que deja claro que ni quieren discutir el punto débil más obvio que tiene su intocable masculino genérico ni respetan la existencia de las personas no binarias. En cierto momento, alguien consiguió que respondieran, de manera ambigua, que si una persona no binaria pedía que se usase el pronombre *elle* para sí, habría que tener en cuenta su opinión. Y en otra ocasión acordaron añadir el pronombre *elle* a su Observatorio de palabras. La definición que dieron fue bastante buena, de hecho: «El pronombre 'elle' es un recurso creado y promovido en determinados ámbitos para aludir a quienes puedan no sentirse identificados con ninguno de los dos géneros tradicionalmente existentes. Su uso no está generalizado ni asentado». Pero alguien debió de hacer lo que no debía porque, días más tarde, lo retiraron por «haber causado confusión» (El Comercio, 2020). A estas alturas ya sabemos cómo funciona la RAE. Y durante el tiempo en el que se corrió la voz de que habían añadido este término, no tardaron en responder a todas las personas que les

113

preguntaron si lo habían añadido al diccionario que la inclusión de un término en el Observatorio de palabras no indicaba que la RAE aceptase su uso ni estuviera en el diccionario. De nuevo se parapetan en el supuesto de que deben aceptar palabras para que el resto de los mortales podamos usarlas.

Como último dato sobre la RAE, remarcar que es solo una de las veintiuna corporaciones que conforman la Asociación de Academias de la Lengua Española (ASALE), y teniendo en cuenta que el resto de las academias tienen su sede fuera de España y que el panorama para con el lenguaje no binario/inclusivo es radicalmente diferente en algunos de estos países, no me extrañaría que con el tiempo el resto la acabe arrastrando a una postura diferente a la que mantiene en el presente.

Opiniones populares

Veamos a continuación una crítica contra el lenguaje no binario que es muy popular entre los grupos de feminismo transexcluyente: según María Luisa Parra en su artículo lingüístico «"Bienvenidxs todes": el lenguaje inclusivo desde una perspectiva crítica para las clases de español», la lingüista Concepción Company argumenta que «[el lenguaje inclusivo] no es solo artificial sino "peligroso" porque no solo no resuelve los problemas sociales de equidad de género, sino que distrae de los verdaderos temas sociales: "aplaca las conciencias oficiales, y más si son masculinas, propicia la creencia de que hay más igualdad entre sexos e invisibiliza la verdadera lucha social, es decir, deja tranquilos a muchos, obstaculiza la perfección del problema real de fondo y la discriminación total contra hombres y mujeres"» (Parra, Serafini; 2022). Pido perdón por reproducir tal cita, pero la menciono porque me gustaría tratar algo que me parece importante. Aparte del origen de esta protesta, es muy curioso cómo la gente que suele argumentar así busca esconder que lo único que quieren es que dejemos de hablar del tema. Aunque digan que hay asuntos más importantes en los que centrarse, lo que realmente están diciendo es que el tema en cuestión o no merece la pena o no es de su agrado. Como argumento está bastante trillado, pero además carece de sentido. Si hablamos solo de la población de España, el censo del INE de principios de 2022 contabilizó una población de 47 615 034. Cuarenta y siete millones de españoles en la península ibérica. En Argentina son 46 044 703. En México 126 014 024. Yo diría que tenemos personas de sobra solo en estos tres países para reivindicar lo que queramos y lo que no queramos también. El argumento de «hay algo más importante que hacer» es una distracción, es un intento de provocar indignación y una reacción defensiva. Claro que hay cuestiones más importantes, pero ¿por qué no podemos luchar nosotres por esto? ¿Por qué no podemos luchar por varias cosas a la vez? ¿Por qué siempre hay algo más importante que aquello por lo que queremos luchar y de lo que estamos hablando? ¿Quién decide qué problema es más importante que otro? No hay otro asunto más importante, nunca lo hay. Aunque objetivamente sus argumentos puedan parecer ciertos, no buscan que les demos la razón, buscan que dejemos de hablar de aquello que estamos defendiendo. Por medio del sentimiento de culpa que provocan en nosotres con este tipo de argumentos, lo que quieren es que abandonemos eso que les incomoda.

Lo mismo ocurre cuando reconocen que lo que dices tiene sentido, pero les parece que hay algo más importante por lo que luchar en ese momento. Por mucho que parezca que solo quieren un «aplazamiento», lo que esperan es que se nos olvide. Este cambio de paradigma, aunque nos hacen sentir culpables, también nos levantan la autoestima al «darnos la razón». Pero es mentira, una falacia.

En mi opinión, este tipo de argumentos denotan un gran egoísmo. ¿Por qué la gente insiste en decirnos que hay otres que lo pasan peor que nosotres y sus problemas son más graves y, por tanto, merecen más atención? Cada persona tiene sus prioridades y por ellas lucha, y no por que una persona deje de luchar por una cosa, quien lucha por otra se va a ver beneficia-de. Para toda persona ciertas luchas son más importantes que otras, y eso no les convierte en egoístas, lo que hace egoísta a la gente es pretender que todo el mundo comparta sus priori-dades.

Sigamos: estas posturas afirman que el lenguaje no binario y el inclusivo «no resuelven los problemas sociales de equidad de género». Esto lo he oído mucho, que «no ayuda», que «no sirve a un propósito social», que «no mejora la situación». Es un argumento erróneo, en primer lugar porque no solo ayuda de manera directa a personas que necesitan ese lenguaje para expresarse, sino que, como ya hemos dicho anteriormente, la construcción del género en una lengua afecta de forma clara al imaginario cultural de la gente que la usa. Además, las lenguas con mayor equidad de género pertenecen a sociedades más igualitarias, y si el pronombre sueco nos ha enseñado algo en el poco tiempo que lleva vivo es que hay una relación muy cla-ra de causalidad entre un lenguaje igualitario y una sociedad igualitaria.

Otro argumento esgrimido en contra del lenguaje no binario y el lenguaje inclusivo es que son repentinos, que han salido de la nada y que han sido creados por gente que tiene un objetivo específico. Que son una imposición y no son naturales. Bea-triz Sarlo habló de esto en un debate sobre la lengua inclusiva en la Feria de Editores en Argentina y comentó que la palabra *nigger* había tardado siglos en desaparecer del vocabulario de les americanes, porque «para que esos cambios» en la lengua «se generalicen [...], pasan décadas de luchas y de luchas en se-rio; cuando digo luchas en serio digo prisiones, digo ejecuciones [...]» (Kalinowski, Sarlo; 2019). Este tipo de discurso me parece en exceso esencialista. La cultura globalizada de hoy en día nos permite saltarnos todas estas décadas de las que habla Sarlo, porque cada cosa que vivimos la compartimos con nuestros iguales con un par de clics en el móvil. La lengua avanza mucho más rápido de lo que lo hacía hace siglos y no tiene sentido estar en contra de un cambio lingüístico con el argumento de que el cambio es demasiado repentino en una época como la nuestra, donde cualquier cambio se puede registrar al instante y las palabras que emplea alguien del otro lado del globo pueden llegarnos en el momento. ¿Y que necesitamos sufrir para que haya cambios? ¿No ha sufrido ya suficiente la comunidad LGBTIA+? Lo ha hecho a lo largo de la historia y este sufrimiento no desaparece porque hoy estemos (en algunas partes del mundo) mucho mejor que antes. Pero, aunque no fuera este el caso, ¿no es mejor que haya cambio sin que nadie sufra? ¿No deberíamos alegrarnos de no padecer este tipo de injusticias en la época en que vivimos? Eso debería de ser a lo que aspiramos. A hacer cambios en nuestra sociedad porque son necesarios y no porque un número elevado de gente se haya o haya sido sacrificado para que ese cambio ocurra. Nadie debería exigirnos sufrir de manera inhumana para cambiar nuestra sociedad y mejorar nuestro estilo de vida y nuestros derechos. Somos una sociedad muy evolucionada, somos gente educada, con acceso a muchísimos recursos, aunque seamos personas de a pie. Estamos en nuestro derecho de hacer cambios en nuestra sociedad sin tener que librar una guerra para ello.

Por desgracia, este discurso está muy extendido tanto por la comunidad feminista transexcluyente como por el público en general. Nos hemos acostumbrado a elevar en un pedestal los grandes acontecimientos del pasado y los comparamos constantemente con el presente, al que encontramos carencias. Pero si nuestro presente fuera tan crudo como nuestro pasado, nuestres predecesores habrían luchado en vano. Somos quienes somos por la historia que nos precede y no tiene sentido que nos empeñemos en degradar los grandes logros de los que podemos disfrutar hoy. Sí, hoy por hoy en España es difícil que te maten a machetazos en la calle y nadie proteste, pero no es raro que te den una paliza y te dejen hospitalizade. Que no nos cuelguen ni nos echen a la hoguera como a las brujas de la época de la Inquisición no quiere decir que cada día que abro Twitter no me encuentre con un crimen de odio nuevo. Mujeres trans han sido apaleadas a la salida de una estación, mujeres sáficas agredidas en el metro, hombres gais asesinados en la calle a patadas, niñas discapacitadas violadas, niñes trans se suicidan por falta de apoyo y *bullying*. Quizá estas manifestaciones sucedan con menos frecuencia que antes, sí, pero sigue pasando y, lo que es peor, se están incrementando a la par que los discursos de odio. Y tenemos derecho a seguir luchando hasta que no quede un solo resquicio de homofobia, misoginia, transfobia ni capacitismo.

Opiniones lingüísticas

Cuando se les pregunta sobre reglar el lenguaje no binario e inclusivo a lingüistas o a académiques de la RAE contrarios a él, su respuesta se centra en el concepto de «cambio natural» y en que este nuevo uso se debe recoger una vez que esté asentado. Cuando tenga más historia, cuando lo emplee más gente, entonces será parte de la lengua y será aceptado. Por lo tanto, para las academias de la lengua, mientras que no haya un uso generalizado del lenguaje inclusivo por parte de les hablantes, no hay necesidad de registrar estas nuevas propuestas y las consideran artificiosas, incluso una imposición que viene, no ya de les hablantes, sino de las instituciones gubernamentales. Pero lo cierto es que la RAE registra las novedades con una tardanza increíble. En el mejor de los casos (que no suele ocurrir) la RAE tarda un año en recoger una nueva palabra, pero es mucho más usual que tarden varios, puede que una década. Esto, por supuesto, en caso de que la palabra en cuestión no sea polémica para sus académiques. Y en el caso de serlo, como el lenguaje inclusivo y el lenguaje no binario, es prácticamente imposible, pues se escudan en que si no está perfeccionado su uso, no se puede recoger, por lo que no se puede usar. Pero si no se usa, no se puede perfeccionar y esto se convierte en un círculo vicioso.

La lingüista Sara Isabel Pérez habló de esto para *El Mundo* en diciembre de 2019: «La lengua es una forma de expresar nuestra subjetividad y construir nuestra identidad. Es por medio del lenguaje que construimos representaciones e identidades, así que no puede ser ajeno a las disputas sociales e ideológicas. Los cambios lingüísticos, en este caso, están acompañando cambios sociales significativos. El cuestionamiento al orden sexo-genérico, es decir, a las relaciones de subordinación existentes, que está observándose actualmente tiene como correlato la puesta en cuestión de aspectos fundamentales de la estructura de la lengua». Marina Mariasch fue citada también diciendo «Lo que demuestra el lenguaje inclusivo es que hay una fluidez del lenguaje, un cambio permanente que es imposible de fijar. No hay una búsqueda de una legitimación a través de la norma. El uso ya legitima el lenguaje» (Alemany, 2019).

Luiz Carlos Schwindt habla también de este tema en su artículo *Sobre gênero neutro em português brasileiro e os limites do sistema linguístico*, citando a Sarah G. Thomason y a Gregory R. Guy, que tratan en profundidad la naturalización de cambios en el lenguaje en sus propios artículos. Ambes hablan de que no solo los cambios inconscientes son naturales a la lengua, sino también los conscientes, ya que dependen del contexto en el que se realizan. En este caso, el lenguaje no binario es síntoma de algo más, y ese algo es nuestra propia existencia. El LNB no existiría si no hubiera gente que lo necesitase, es un cambio consciente para una necesidad actual y por lo tanto, es perfectamente natural. Pasa lo mismo con muchas otras cosas, como invenciones que reciben nombres nuevos, conceptos que se prestan de otras lenguas y objetos que redescubrimos del pasado y que adoptamos. Todos estos cambios son conscientes, por mucho que queramos fingir lo contrario. Y todos ellos nacen de una necesidad. La nuestra, la de la gente no binaria y la de la gente que se siente invisibilizada por el masculino genérico, es tanto que se reconozca que existimos como la necesidad de expresarnos. El nacimiento del lenguaje no binario es una manifestación de algo muy real que forma parte de gente muy real.

El argumento más usado contra este tipo de lenguaje, sin embargo, es que el lenguaje no binario y el lenguaje inclusivo son impuestos desde las altas esferas. No puedo ni decir cuántas veces lo he escuchado, porque hace mucho tiempo que perdí la cuenta. Basta que algune polítique que, por campaña o convicción personal, haya usado alguna palabra en un discurso o en la red para que, automáticamente, el uso de estas palabras se vuelva «impuesto», aunque la RAE lo desaconseje y el Gobierno propio no lo acepte en ningún documento. Ni el lenguaje inclusivo ni el no binario pueden ser impuestos, pero la indignación de quienes no soportan que otras personas lo usen es bastante ruidosa.

En febrero de 2021, el hospital de Brighton de la NHS añadió ciertos términos inclusivos a su manual para que sus trabajadores supieran dirigirse a les adres trans que acudiesen a citas o a tener hijes (Hunte, 2021). Términos que, en un idioma donde no muchas palabras tienen marca de género, no deberían haber causado ningún revuelo. Y sin embargo, enseguida empezaron a aparecer personas que se quejaban de la imposición que se estaba haciendo con el lenguaje inclusivo, que era antinatural y que no tenían derecho. El asunto llegó hasta España a través de los medios, donde la indignación creció porque se mezcló con los argumentos contra el lenguaje inclusivo y el lenguaje no binario que se manejan aquí. Mi propio padre me llegó a decir que esa gente no tenía derecho a cambiar el lenguaje, a lo que le contesté que por supuesto que tienen derecho, es tanto su lengua como la de los demás. Toda esta indignación estaba exagerada, como la que la gente tránsfoba siente contra las políticas *trans-friendly*. Son asuntos que no les incumben ni les tocan ni les afectan de ninguna manera, pero igualmente sienten que tienen derecho a opinar sobre la vida de otras personas.

Relacionado con ello están quienes argumentan que el lenguaje no binario, al no ser una evolución natural del lenguaje, sino creada por el ser humano, está teñido de las ideas políticas de aquelles que lo impulsan. Esta queja es parecida a la anterior, pero habla de otra cuestión diferente. Cuando se habla de movimientos sociales que buscan cambios reales y tangibles en las leyes de un país, se habla de movimientos políticos, pero ese mismo nombre hace que la gente piense que estos movimientos en realidad están liderados por les propies polítiques, por quienes tienen el poder. A veces tengo ciertos reparos para decir que estas cuestiones son políticas, no porque no lo sean, sino porque la gente las mira con otros ojos. Como si luchar por nuestros derechos fuera vergonzoso, como si la lucha no fuera nuestra, como si llevase las riendas un titiritero oculto en las altas esferas. A mí me gusta hablar de cuestiones sociales, porque salen de la gente, porque son nuestras, pero eso no quita que también sean políticas. Y no por ello son menos válidas.

Pedro Álvarez de Miranda, en *El Mundo*, dijo sobre el lenguaje no binario que: «Es evidente que es un acto político, no lingüístico. Como acto lingüístico solo se puede considerar una broma» (Alemany, 2019). Pero desde hace siglos la lengua ha cambiado por motivos políticos. Desde la inclusión de la palabra «independizarse» en el diccionario, préstamo lingüístico del inglés que surgió de la Independencia de América, hasta cada uno de los cambios que produce en nuestra lengua el uso de los medios de comunicación cada día. Les mismes detracteres que dicen que la lengua no la cambia la gente, luchan desesperadamente por que ciertos cambios no se queden en la lengua para siempre. Y luchan en vano, porque como elles mismes suelen decir, si un cambio no es aceptado por les hablantes, da igual cuánta gente lo impulse. Y para su horror, cada vez más gente usa el lenguaje no binario.

Las personas que usamos el lenguaje no binario somos, en su mayoría, gente que tenemos intereses personales en el asunto, o gente que se ha comprometido con nuestra situación. He hablado de esto al principio del libro, pero si nos fijamos en el perfil de quienes usan el lenguaje no binario nos encontraremos con gente no binaria, con gente que nos apoya y que ve nuestra lucha como algo importante, con la gente de Hispanoamérica que a su vez lucha por la igualdad en países con leyes muy duras, y también con la comunidad autista, que ha visto en esta manera de expresarse una herramienta de comunicación que les ayuda en el día a día (está demostrado que hay un alto porcentaje de personas autistas que también pertenecen a la comunidad LGBTIA+, por lo que hay mucha interseccionalidad entre las dos comunidades). Las opiniones de toda esta gente son descartadas con el uso de una sola palabra. Porque en el mundo en el que vivimos actualmente todo depende de la política y este nombre y adjetivo se usa de muchas maneras, pero más a menudo de manera negativa que positiva.

Cuando les detracteres del lenguaje no binario utilizan el término «político» o «politizado» buscan que la gente que escucha o lee sus palabras reciba una imagen de una causa «impura», «violentada» por la política. Pero es del ser humano hacer política desde que la política existe, pues una vez tienes reglas que seguir estas deben servir para todes les ciudadanes de una nación. No dejemos que usen lo «político» como algo negativo contra nosotres. No dejemos que otres se adueñen de esa palabra que nos pertenece a todes, porque todes tenemos derecho a hacer política sobre nuestros derechos y necesidades, no solo quien está muy a gusto con lo que tiene.

Algo que me gustaría mencionar es lo mucho que se nos echa en cara a la gente que usamos el lenguaje no binario o, en menor medida por ser más adaptable, el lenguaje inclusivo, es que elijamos a dedo cuándo usarlo y no «nos comprometamos con nuestra elección». Pedro Álvarez de Miranda dijo para *El Mundo*: «Si los promotores de la -e consiguen un consenso entre los 560 millones de hablantes del español, me retractaré de todo lo dicho, pero dudo que el señor que pinta niñes en una pared de Chile, en casa diga niñes» (Alemany, 2019). Este tipo de argumentos son de los que van a hacerte sentir culpable, están diseñados para que dudes de tus convicciones porque no las sigues sin vacilar y sin importar el contexto. Están diseñados para que quien los diga te mire con una sonrisa condescendiente, segure de que ha ganado la discusión. Pero este tipo de cosas, como muchas otras, no son tan sencillas.

Hace ya un tiempo tuve una discusión por Twitter con un usuario que pensaba que el lenguaje no binario era o para dar pena o para llamar la atención. Una de las cosas que me preguntó fue que si usaba el LNB en mi día a día. Le contesté que sí, así que procedió a preguntarme si lo usaba también en mis escritos. En aquel momento estaba escribiendo una novela en femenino genérico que exploraba una sociedad matriarcal, por mucho que hubiera terminado un relato en lenguaje no binario hacía poco, así que mi consciencia no me permitió decir que sí. Tuve que decir algo por el estilo de «depende del escrito, de la historia, etc.». Este usuario me percibió como poco consecuente, igual que el señor de Miranda. Y, sin embargo, como podremos entender sin mucho problema, el uso de cada herramienta del lenguaje está dictado por el contexto. Como ya hemos mencionado con anterioridad, no todas las personas están en posición de emplear el lenguaje no binario en su día a día, y ni siquiera en un día en el que puedan usarlo será posible en todo momento. Si bien yo uso el LNB siempre que puedo, hay momentos en los que hacerlo sería contraproducente. Recordemos que la RAE no lo acepta como español correcto, por lo que instituciones que sigan sus reglas automáticamente se pondrán en tu contra por usarlo en su presencia. También habrá quienes no puedan usarlo con su familia o sus amigues porque no hayan salido del armario con elles, porque no sepan de sus ideales o porque no los apoyen. A lo mejor usarlo con une extrañe puede crearte problemas, asimismo como usarlo con alguien de confianza en presencia de une extrañe que no piense igual. Y esto nos pasa a muches. Si fuéramos natives del inglés no tendríamos estos inconvenientes, claro, pero nuestra lengua materna tiene unas características lingüísticas que implican que la construcción de un lenguaje no binario necesite crear unos cambios demasiado evidentes. Por ello, usarlos puede, no solo hacernos la vida más incómoda, sino también amenazarla. Si no eres trans no binarie, puedes justificarlo como un lenguaje inclusivo, como parte de tus ideales. Si tus ideales son demasiado problemáticos, puedes hasta decir que lo usabas en broma y pasar a un español más estándar. Pero para la gente no binaria usarlo es desnudarte a quien te escucha, como «en carne viva», que diría Bruce Banner.

Usarlo te expone al peligro y, desgraciadamente, todavía queda mucho para que este peligro sea inexistente. Y todo esto viniendo de alguien que vive en uno de los países más seguros para la gente del colectivo LGBTIA+, donde cada poco contamos con otra brutal agresión a alguien de les nuestres simplemente por existir.

8
Conclusiones

Está claro que sea cual sea el futuro de este mundo, muchos países están dejando ver que si hay algo que afecta a todos y debe cambiarse es el lenguaje. Así como los efectos que tiene en la psique de las personas cuando no se usa una manera neutra de referirse a la gente y se carga de significados contrarios a los dos géneros más prevalentes. Lo hemos visto en varios países, en varios continentes, en varios estratos. Es evidente que estamos asistiendo a un momento histórico: un número importante de naciones con distintos idiomas están decidiendo que tienen que cambiar su lengua, algunas de raíz. Lo que no solo evidencia ciertas carencias en dichas lenguas, sino la voluntad de sus hablantes de hacer algo al respecto.

Esta necesidad de cambio lingüístico que estamos experimentando no es algo trivial, y deberíamos abrazarlo. La gente gasta demasiada energía en oponerse al cambio cuando podría estar contribuyendo a él y, en el proceso, aportar a la dirección en que este se realiza. Visto desde fuera parece muy tonto. Todos esos lenguajes que hemos observado que no tienen un neutro viable y usan símbolos para experimentar con él deberían ser abrazados y usados, deberían ser mejorados y puestos a la disposición de quienes los necesiten. Si empleásemos más tiempo en ayudar a la evolución del lenguaje y menos en oponernos a ella podríamos conseguir crear un lenguaje más aceptado y más eficaz mucho más rápido y con menos trabas por el camino.

Otra cuestión es que la dificultad de aprendizaje nunca debería suponer una traba. Hay lenguas mucho más difíciles que la nuestra y, sin embargo, siguen vivas porque son aprendibles y porque son usadas. Si esas lenguas más difíciles dejasen de hablarse y de enseñarse, no sería precisamente por su dificultad, sino porque han fracasado en su fin lingüístico o han sido desplazadas. Y, sobre todo, la enseñanza de un idioma como lengua extranjera nunca debe ponerse por encima del propio fin de esa misma lengua para sus hablantes nativos. La lengua tiene que servir a quienes la hablan, y dejar de utilizar el lenguaje inclusivo o no binario de una lengua (recordemos que para trabajar estos cambios hay que usarlos) porque afecta a personas no nativas en un grado mínimo es como decir que no debemos añadir nuevas palabras al idioma por la misma razón. Y teniendo en cuenta que en 2021 se hicieron 3836 modificaciones al diccionario de la RAE no es moco de pavo.

Por supuesto que la facilidad de uso y el entendimiento y, por tanto, la enseñanza deben ser factores para la evolución de estos idiomas; pero no pueden ser impedimento para la evolución en sí. Si la capacidad de aprendizaje se ve afectada, igual deberíamos plantearnos de qué manera estamos enseñando lenguas a nuestres alumnes y si no sería más apropiado cambiarla para mejor de la misma forma que sucede con el lenguaje.

Algo muy importante que necesito discutir es esta necesidad que tenemos les españoles de buscar la validación de la RAE. La hemos subido a un pedestal del que es muy difícil bajarla y algunes ni quieren. Pero la RAE es, esencialmente, un diccionario, y por mucho que queramos que nos hagan caso, si lo hacen será en diez años o más, así que me parece que tenemos que darnos una palmadita en la espalda y reconocer que no necesitamos a la RAE ni su validación. Tampoco la de las autoridades, no necesitamos que el Gobierno nos permita usar el lenguaje no binario o experimentar con la lengua. Desde hace siglos han sido los gramáticos, los lingüistas los que han decidido por les hablantes qué cambios eran más aceptables o menos útiles y nosotres les hemos seguido la corriente como perros falderos. Es el momento de parar de hacerlo. No deberíamos emplear el lenguaje no binario para demostrar que merecemos que nos presten atención. Lo deberíamos usar porque lo necesitamos, porque es útil, porque es una herramienta valiosísima y porque es nuestra lengua y no necesitamos el permiso de nadie para utilizarla. Sé que es, en cierto sentido, una contradicción con lo que he dicho antes, pero me parece importante que cambiemos de paradigma. No necesitamos la aceptación de nadie para seguir viviendo nuestra vida, nunca la hemos necesitado (a menos que nos quieran matar, que ya ha pasado, en cuyo caso mejor ir con cuidado). Debemos dejar de buscarla, por nosotres y nuestro amor propio. He notado últimamente que parecemos un colectivo muy enfadado y agresivo, y la verdad es que me da igual cómo nos vean, pero me gustaría que fuéramos más felices. Haced las cosas porque os hacen felices, vestid como queráis porque os hace sentir mejor, hablad con el no binario porque os hace sentir a gusto, arrimaos a quienes más queráis tener al lado y alejaos de quien no queréis ver ni en pintura. En definitiva: querámonos más, porque somos maravilloses. Y en un futuro, cuando ya no les quede más remedio, nos darán la razón.

Y hablando del futuro: el futuro del lenguaje no binario es un misterio para todes, pero considero que podemos esperar ciertas cosas de él. Hemos hablado de la evolución del grado de aceptación en diferentes lenguas en cuanto a lenguajes inclusivos y no binarios. Como podemos observar, la tendencia es que cada vez más se extiende una necesidad de cambio en el lenguaje y la aparición de estas herramientas es propicia, incluso bienvenida según el contexto. Si bien nos hemos acostumbrado a que todos los cambios contemporáneos en la lengua vayan a trompicones, parece seguro afirmar que el lenguaje no binario y la inclusión han llegado para quedarse. Dejando a las personas no binarias a un lado, el lenguaje no binario se ha convertido en una valiosa herramienta que cada vez más gente reconoce, y una vez entramos en la ecuación, no somos más que un añadido que construye algo más grande. Por un lado, por temas lingüísticos; por otro, por temas sociales.

Aunque de ahora en adelante nadie más que las personas no binarias lo siguieran empleando, el LNB sobrevivirá y, en un futuro, a las distintas academias de la lengua no les quedará más opción que añadirlo a sus diccionarios y a sus gramáticas de una manera u otra. Pero sabemos que no solo a nosotres nos sirve de algo. Es un recurso valioso para les traductores, para les escritores, para les lingüistas, para las feministas y para mucha más gente.

Qué camino podríamos seguir a partir de ahora es algo que debemos plantearnos nosotres mismes. Me gustaría ver más conversaciones en torno al lenguaje no binario, más curiosidad, más interés; tanto por parte de la gente que lo habla como por parte de la gente que no. ¡Quiero que inundemos la red de trabajos sobre el LNB, de experiencias, de poemas, de prosa! Quiero ver artículos escritos sin la menor vergüenza, noticias, cartas, quiero ver a gente usarlo en YouTube de manera casual. Tenemos que sentar precedente y, si hace falta, que sea un precedente agresivo. No porque sea esto una guerra, sino porque no tenemos por qué ser tímides. Nos hemos dejado atemorizar por los organismos que pretenden controlar nuestra habla, que quieren decirnos qué es y no es aceptable. Pero, ¡sorpresa! En la lengua *todo* es aceptable. No os dejéis amedrentar, no agachéis la cabeza. Erguíos y hablad como os encontréis cómodes.

Una de las frecuentes protestas contra el LNB es que no tiene una gramática sólida y, por mucho que me queje de que la gramática se hace poco a poco, es cierto que podría ocasionar ciertos problemas en la propagación del LNB. Y, sin embargo, toda la gente comete errores al hablar, al escribir. Todo el mundo tiene sus propias preferencias en cuanto al lenguaje. Que las reglas del LNB no estén escritas en piedra no debería afectar a nadie más que a les estudiantes de español como lengua extranjera. Y a ese colectivo normalmente no se le enseñan estas cosas. Cuestión que, en mi opinión, debería cambiar.

En general, cuando enseñamos un idioma como lengua extranjera no lo hacemos con la lengua en su estado actual, pues no solo los manuales utilizados suelen tener una edad desde que son puestos en circulación hasta que se retiran, sino que nos empeñamos a enseñar una lengua estructurada y pulida de la que quitamos todo lo que consideramos «complicado». Sin embargo, es esta separación entre lo que consideramos aceptable y no aceptable enseñar lo que dificulta las capacidades de les alumnes de lenguas extranjeras para absorber un idioma en su conjunto, pues una vez que han pasado sus exámenes y aprobado sus cursos, se encuentran con que no solo hay cosas que no les han enseñado, sino que algunas incluso se contradicen con las que han aprendido. La enseñanza de lenguas extranjeras siempre ha estado apolillada, y raro es encontrar a une profesore que lo enseñe de una manera más actual, aunque emplee recursos «extra» modernos. Al dejarnos cosas fuera de la lingüística por razones políticas lo único que estamos haciendo es crear un falso lenguaje que no se adapta a la realidad y, de paso, hacer más difícil la experiencia de nuestres alumnes. Estas cosas ni siquiera tienen que ser enseñadas como base de la lengua, sino como recursos existentes. No podemos tener favoritos en la lengua, porque esto la pervierte.

No quería terminar sin expresar algunos deseos para nuestra comunidad y para el mundo entero: quiero saber más de la historia del lenguaje no binario, saber quién lo pensó en primer lugar de manera certera. Quiero que gente hable de los años pasados de los que casi no tenemos constancia, que estudiosos más capaces que yo se zambullan en los ríos de información no informatizada de las bibliotecas y salgan triunfantes con nuevos conocimientos sobre algo que tanto bien nos está haciendo a tantas personas. Que hablen con gente que vivía en aquel entonces y nos cuenten de primera mano sus experiencias. Quiero que le dediquemos a esta historia nuestra tanto como nos exigen dedicarles a cuestiones que no nos interesan en las clases del instituto y de la universidad. Quiero saber la historia escondida, que más gente la conozca, que sepamos más de lo que nuestres predecesores vivieron y de sus soluciones a los problemas a los que se enfrentaban.

Algo que le echan mucho en cara a la gente que persigue un cambio en la lengua es la poca necesidad de ello en comparación con otros temas mucho más graves o importantes. Pero no solo hemos visto a lo largo de este libro que el lenguaje es una pieza fundamental de la psique del ser humano y que tiene un gran peso en esta, sino que, además, la gente que esgrime estos argumentos comete un grave error: cuantificar problemas. No solo, como sociedad, tenemos derecho a protestar de los problemas que tenemos en el día a día, sino que podemos protestar sobre todos los problemas que sean necesarios. El argumento en sí es una falacia, pues no por luchar por una cosa somos incapaces de luchar por otra, por lo que al escucharlo de boca de alguien enseguida se percibe que la persona en cuestión simplemente no quiere discutir el tema. Ni siquiera es que te quiera contradecir, le parece mejor que quedes encerrade en una retórica sin sentido que te deje sin palabras y busca con su argumento que te sientas culpable por no luchar por algo más importante en vez de perder tu tiempo con algo que no merece la pena. Sabemos lo grande que es el mundo, sabemos todos los problemas que hay en él y que necesitan ser resueltos, y sabemos que no podemos luchar por uno solo antes de pasar al siguiente. Si el mundo funcionase así, no tendríamos multitud de organizaciones a lo largo del globo que abordan asuntos completamente diferentes pero igual de importantes: la protección de especies en peligro de extinción, la disminución de la contaminación, la protección de los océanos, la concienciación sobre la explotación ganadera sin control, la falta de recursos, las energías renovables, los derechos humanos, la lucha contra la violencia machista, la lucha por los derechos de las personas LGBTIA+, la erradicación del hambre... Hay tantas que podríamos estar aquí varios días discutiéndolas todas. Mucha gente lucha por estas causas y cada una se centra en aspectos diferentes del mismo problema o incluso en varios aspectos o luchas distintas. Y esto lo sabe todo el mundo. No merece la pena prestar atención a quien ignora esta realidad y que lo único que busca es hacerte sentir mal por dedicar tu tiempo a algo que crees que merece la pena.

Por último, me gustaría mencionar que por mucho que nos refiramos al lenguaje inclusivo y al lenguaje no binario como eso, lenguajes, esto no los convierte en otras lenguas. Siguen siendo parte del español. La manera en que nos referimos a las cosas es importante y, a pesar de que el término *lenguaje* no es incorrecto, pues describe una serie de reglas que se aplican en ciertas situaciones del discurso, también es cierto que mucha gente se aprovecha del nombre para hacer que parezca casi una lengua extranjera. Me parece importante, pues, recordar que no estamos hablando en francés ni en ruso y que el lenguaje inclusivo y el lenguaje no binario son parte del español, no son algo ajeno a nosotres, un «otro» extraño, alien. Puede que sea buena idea empezar a referirnos a ellos como el español inclusivo y el español no binario de manera aclarativa.

Muchísimas gracias por leer este libro. Espero de todo corazón que os haya servido de ayuda, de una manera u otra. Nunca capituléis.

Agradecimientos

Me gustaría añadir unas breves palabras de agradecimiento para todo el mundo que me ha acompañado en el viaje que ha sido escribir este libro.

Gracias a mis dos psicólogas, Itziar y Lucía, que me han animado y dado fuerzas durante dos años y más y sin quienes este libro probablemente no habría visto la luz. A Bárbara, mi editora, que me ha sufrido todo lo habido y por haber. A Guille y Elena, a les que tanto he hecho esperar no solo para publicarlo, sino también para pasárselo y que me hicieran de lecteres beta. A Ártemis por ser una persona llena de luz que tanto me ha enseñado y ayudado y que para mí ha sido un ejemplo a seguir. Os quiero mucho.

A toda esa gente a quien he molestado a lo largo de los años buscando datos:

A Daru por desbloquearme todas las páginas del mundo entero. A Ian Bermúdez por la entrevista que me concedió. A la hija de García Meseguer, con quien tuve una conversación extensa por teléfono para saber más de su padre y que me atendió con toda la educación del mundo. A García Meseguer por haber tenido la fortaleza de hablar de este tema en su momento, aunque se rieran de él. A todas las mujeres de la Asociación para la Promoción y Evolución Cultural que contribuyeron en el pasado a crear los primeros usos del lenguaje no binario, aunque no fueran conscientes de ello.

A mi gato Ramen, sin el que estos últimos años no habrían sido posibles.

Libros que usan LNB

He escrito esta pequeña lista para dar algo de guía a aquelles que quieran leer libros que usen LNB de manera orgánica y no sepan por dónde empezar. He recogido los títulos que conozco o que me han sido recomendados, y he pensado que sería útil repartirlos en un par de categorías según el uso que hacen del LNB. Esta no es de ninguna manera una lista completa de los libros que usan el no binario (cada día se publican más), pero espero que sea un punto de partida para quien lo necesite y, quién sabe, quizás encontréis vuestro nuevo libro favorito en ella. Muchos de ellos han sido publicados por editoriales pequeñas, pero espero que eso no os amedrente. Hay verdaderas joyas publicadas por editoriales pequeñas que solo están esperando a que les den una oportunidad. ¡Disfrutad de la lectura!

Libros con uso íntegro de LNB:

Vikinga Bonsái, Ana Ojeda, agosto 2019, Eterna Cadencia.
La tierra de las gemas, Haruko Ichikawa, octubre 2019, ECC Ediciones.
El demonio en el interior de Siriel, Guille Jiménez Cantón, diciembre 2019, Ediciones Dorna.

Tetralogía El Tensorado, Las mareas negras del cielo, Neon Yang, marzo 2021, Duermevela.

En las profundidades, River Solomon y clipping., mayo 2021, Crononauta.

Se buscan mujeres sensatas, Sarah Gailey, septiembre 2021, Crononauta.

Guía autista: Consejos para sobrevivir en el loco mundo de los neurotípicos, Daniel Millán López, diciembre 2021, Lulu.

La sociedad no binaria, Alex Iantaffi y Meg-John Barker, febrero 2024, Egales.

Libros en los que un personaje importante usa LNB:

Torres de Vinilo y Neón, Guille Jiménez Cantón, junio 2018, autoeditado.

Programando nunca jamás, Jenn Polish, octubre 2019, NineStar Press.

Somos imposibles, Matthew J. Metzger, mayo 2021, NineStar Press.

La receta de la luna, Wendy Xu, Suzanne Walker, mayo 2021, mabGraphic.

Te deseo lo mejor, Mason Deaver, junio 2021, Crossbooks (Planeta).

Del amaranto a la fluorescencia, Eli Macías, diciembre 2021, Ediciones Dorna.

Desde el verde, Irene Morales, agosto 2021, autopublicado.

El planeta perdido, Esther López Vera, enero 2022, autoeditado.

Nubes de esperanza, Víctor Guez, agosto 2023, Ediciones Dorna.

Libros en los que un personaje secundario usa LNB:

La compañía amable, Rocío Vega, julio 2018, Editorial Cerbero.

En un rayo de sol, Tillie Walden, febrero 2019, Ediciones La Cúpula.

Cuaderno de bitácora, Carmen Lunnely, julio 2019.

Pakminyó, Felicidad Martínez, julio 2019, Editorial Cerbero.

Hijo infinito, Adam Silvera, febrero 2020, Puck.

Un barco en el cielo, Asra Chueco, marzo 2020, Ediciones Dorna.

Isla, Eva Duncan, julio 2020, Editorial Cerbero.

El circo de la rosa, Betsy Cornwell, septiembre de 2020, Kakao Books.

La ciudad de 3, Ottavia Allgood, noviembre 2020, Editorial Cerbero.

La Cenicienta o el zapatito de cristal, traducción de Andrea Romero, EThos Traductora.

Fuera de guión, Jen Wilde, enero 2021, Kakao Books.

Leñadoras V: Fuera bromas, Shannon Watters, febrero 2021, Sapristi.

Hans blær: elle, Eiríkur Örn Norðdahl, marzo 2021, Hoja de Lata Editorial.

Tres, H. M. Zubieta, marzo 2021, Fandom Books.

Pollo en pepitoria, Andrés Zelada, abril 2021, Editorial Cerbero.

En las profundidades, Rivers Solomon y clipping., mayo 2021, Crononauta.

Innombrable, Caryanna Reuven, noviembre 2021, Crononauta.

Fulgor (Serie Crave 4), Tracy Wolff, marzo 2022, Planeta.

En el ojo de la tormenta, Asra Chueco, febrero 2023, Ediciones Dorna.

Bibliografía

Alberto Fernández usó el lenguaje inclusivo: «Prometo trabajar para que cada chique...». (11 de octubre de 2019). TN. https://tn.com.ar/politica/alberto-fernandez-uso-el-lenguaje-inclusivo-prometo-trabajar-para-que-cada-chique_1001826/

Alemania y Francia: no al «lenguaje inclusivo» o de género. (9 de mayo de 2021). Zenit. https://es.zenit.org/2021/05/09/alemania-y-francia-no-al-lenguaje-inclusivo-o-de-genero/

A Note on the Nonbinary 'They'. (29 de abril de 2020). En Merriam Webster. Recuperado https://www.merriam-webster.com/words-at-play/nonbinary-they-is-in-the-dictionary

Bloodhound. Rastreadore tecnológique. (s.f.). EA. https://www.ea.com/es-es/games/apex-legends/about/characters/bloodhound?setLocale=es-es

Corte Suprema de Brasil suspende ley que prohíbe lenguaje inclusivo. (18 de noviembre de 2021). Deutsche Welle. https://www.dw.com/es/corte-suprema-de-brasil-suspende-ley-que-proh%C3%ADbe-lenguaje-inclusivo/a-59852587

Economía lingüística. Wikilengua del español. Recuperado https://www.wikilengua.org/index.php/Econom%C3%ADa_ling%C3%BC%C3%ADstica

El Gobierno brasileño veta uso del lenguaje inclusivo en proyectos culturales. (28 de octubre de 2021). Swiss Info. https://www.

swissinfo.ch/spa/brasil-lenguaje_el-gobierno-brasile%C3%B1o-veta-uso-del-lenguaje-inclusivo-en-proyectos-culturales/47066834

El pronombre 'iel' que reconoce a las personas no binarias entra en el diccionario francés. (18 de noviembre de 2021). NAIZ. https://www.naiz.eus/es/info/noticia/20211118/el-pronombre-iel-que-reconoce-a-las-personas-no-binarias-entra-en-el-diccionario-frances

El pronombre neutro con que Suecia quiere fomentar la igualdad de género. (2 de abril de 2015). BBC NEWS Mundo. https://www.bbc.com/mundo/ultimas_noticias/2015/04/150330_suecia_pronombre_neutro_sem_wbm

Francia: Nueva polémica por el 'lenguaje inclusivo' tras decisión de un prestigioso diccionario. (18 de noviembre de 2021). RFI. https://www.rfi.fr/es/francia/20211118-francia-nueva-pol%C3%A9mica-por-el-lenguaje-inclusivo-tras-decisi%C3%B3n-de-un-prestigioso-diccionario

Francia prohíbe oficialmente el lenguaje inclusivo en la educación nacional. (7 de mayo de 2021). Deutsche Welle. https://www.dw.com/es/francia-proh%C3%ADbe-oficialmente-el-lenguaje-inclusivo-en-la-educaci%C3%B3n-nacional/a-57467246

Hen, hun - los, las para personas. (s.f.). Dutch Grammar. https://www.dutchgrammar.com/es/?n=Pronouns.Ps07

Humanidades y Artes, y la primera tesis que admite el «todes». (29 de agosto de 2019). La Capital. https://www.lacapital.com.ar/la-ciudad/humanidades-y-artes-y-la-primera-tesis-que-admite-el-todes-n2523849.html

La Academia Nacional de Educación también se pronunció en contra del lenguaje inclusivo: «No contribuye a señalar la igualdad de los sexos». (9 de junio de 2021). Infobae. https://www.infobae.com/sociedad/2021/06/09/la-academia-nacional-de-educacion-tambien-se-pronuncio-en-contra-del-lenguaje-inclusivo-no-contribuye-a-senalar-la-igualdad-de-los-sexos/

La féminisation des noms de métiers et de fonctions. (1 de marzo de 2019). Académie française. https://www.academie-francaise. fr/actualites/la-feminisation-des-noms-de-metiers-et-de-fonctions

La juventud de América Latina apuesta por el lenguaje inclusivo y no binario. https://eldiariodelaeducacion.com/2022/11/07/la-juventud-de-america-latina-apuesta-por-el-lenguaje-inclusivo-y-no-binario/

La mayoría de los usuarios de Twitter en Argentina son jóvenes en edad universitaria. (20 de junio de 2014). Aptus. https://aptus.com.ar/5-millones-de-usuarios-de-twitter-en-argentina-la-mayoria-son-jovenes-en-edad-universitaria/

Lanzaron la primera novela escrita en lenguaje inclusivo: «Vikinga Bonsái». (25 de octubre de 2019). Cien Radios. https://ar.cienradios.com/lanzaron-la-primera-novela-escrita-en-lenguaje-inclusivo-vikinga-bonsai/

La RAE retira el pronombre 'elle' de su Observatorio de palabras. (30 de octubre de 2020). El Comercio. https://www.elcomercio.com/tendencias/curiosidades/rae-pronombre-elle-observatorio-palabras.html

Lenguaje inclusivo: la RAE aseguró que el uso de la «e» es innecesario. (14 diciembre 2020). Infobae. https://www.infobae.com/cultura/2020/12/14/lenguaje-inclusivo-la-rae-sostiene-que-el-uso-de-la-e-es-innecesario/

LGBTQ+ en el espectro del autismo. https://specialisternespain.com/lgbtq-en-el-espectro-del-autismo/

Linguagem neutra é proibida em escolas do Mato Grosso do Sul. (5 de enero de 2022). ACI digital. https://www.acidigital.com/noticias/linguagem-neutra-e-proibida-em-escolas-do-mato-grosso-do-sul-49698

Más allá de lo no binario: libros que invitan a reflexionar sobre el lenguaje, los cuerpos y el género. (31 de julio de 2021). Infobae. https://www.infobae.com/grandes-libros/2021/07/31/mas-alla-de-lo-no-binario-libros-que-invitan-a-reflexionar-sobre-el-lenguaje-los-cuerpos-y-el-genero/?utm_medium=Echobox&utm_source=Twitter#Echobox=1627727701

Muñoz Machado: «Incluir términos como 'otros, otras u otres' afean nuestro lenguaje de manera realmente insostenible». Redacción Cultura (26 de mayo de 2021). Europa Press. https://www.europapress.es/cultura/exposiciones-00131/noticia-munoz-machado-incluir-terminos-otros-otras-otres-afean-lenguaje-manera-realmente-insostenible-20210526144217.html

Pronombre neutro en diccionario francés genera debate. (18 de noviembre de 2021). Diario Libre USA. https://www.diariolibre.com/usa/actualidad/pronombre-neutro-en-diccionario-frances-genera-debate-IC30018132

Sam Smith: «Me siento tan mujer como hombre». (19 de marzo de 2019). El País. https://elpais.com/elpais/2019/03/19/gente/1552986863_975302.html

STF conclui julgamento e derruba lei estadual que proíbe linguagem neutra em escolas. Globo.com. Brasília (11 de febrero de 2023). https://g1.globo.com/politica/noticia/2023/02/11/stf-conclui-julgamento-e-derruba-lei-estadual-que-proibe-linguagem-neutra-em-escolas.ghtmlGlobo

Una realidad poco abordada hasta ahora: la orientación sexual e identidad de género de las personas con TEA. https://autismo.org.es/una-realidad-poco-abordada-hasta-ahora-la-orientacion-sexual-e-identidad-de/

Una santarroseña tradujo un libro al lenguaje inclusivo. (11 de septiembre de 2019). La Arena. https://www.laarena.com.ar/la-pampa/2019-9-11-11-20-48-una-santarrosena-tradujo-un-libro-al-lenguaje-inclusivo

Un lenguaje para todes: jóvenes argentinos libran la batalla para eliminar el género del español. (6 de diciembre de 2019). Infobae. https://www.infobae.com/sociedad/2019/12/06/un-lenguaje-para-todes-jovenes-argentinos-libran-la-batalla-para-eliminar-el-genero-del-espanol/

We Added New Words to the Dictionary in September 2019. (29 de abril de 2020). En Merriam Webster. Recuperado https://www.merriam-webster.com/words-at-play/new-words-in-the-dictionary-september-2019

[Difracción Transfeminista] (24 de agosto de 2016). GÉNERO NEU-
TRO Y LENGUAJE INCLUSIVO (2.ª generación) - Guía Práctica. [Vídeo]. YouTube. https://www.youtube.com/watch?-
v=2-2ZpPKhVds

[giosean_] (12 de marzo de 2021). Gender neutrality in Italian: does
it exist? Amino. https://aminoapps.com/c/language-exchan-
ge/page/blog/gender-neutrality-in-italian-does-it-exist/
z6eP_NKGFxu0Y6b7KJdLXDZxGnRwQrnEjxX

[Katarsis] (30 de julio de 2016). ¿Por qué hablo con la E? LENGUAJE
INCLUSIVO (NEUTRO) | KATARSIS. [Vídeo] YouTube. https://
www.youtube.com/watch?v=Ank1-a2DL3E

[Naï (Най)] (s/f). Respuesta a la pregunta How do Italian and similar
languages handle non-binary genders? Quora. https://www.
quora.com/How-do-Italian-and-similar-languages-handle-
non-binary-genders

[Polemón] (31 de enero de 2019). «El Principito» para todes, un libro
en lenguaje inclusivo. Polemón. https://polemon.mx/el-prin-
cipito-en-lenguaje-inclusivo/

[v010dya] (7 de julio de 2014). Do gender-neutral pronouns exist in
Russian? Stack Exchange. https://russian.stackexchange.com/
questions/6899/do-gender-neutral-pronouns-exist-in-russian

Abramov, Dan [@dan_abramov] (14 de septiembre de 2020).
I personally started using «they» (они) as a singular gender neutral pronoun in my Russian speech but it sounds a
[Tweet] Twitter. https://twitter.com/dan_abramov/status
/1305527751819046913

Alemany, Luis (20 de diciembre de 2019). La '-e' como género neutro es un acto político, no lingüístico. El Mundo. https://www.
elmundo.es/cultura/literatura/2019/12/20/5dfbb74921efa
0fd2d8b4671.html

Anónimo (s/f) Gender neutrality in languages with grammatical
gender. Wikipedia. Recuperado en octubre de 2022. https://
en.wikipedia.org/wiki/Gender_neutrality_in_languages_
with_grammatical_gender#Italian

Ansa (13 de abril de 2021). Nel modenese un comune adotta la «schwa» nei post ufficiali - Notizie - AnSa.it. Agenzia ANSA. https://www.ansa.it/emiliaromagna/notizie/2021/04/13/ nel-modenese-un-comune-adotta-la-schwa-nei-post-ufficiali _2147c3d5-4220-4888-b417-8f64068ce39a.html

Arcangeli, Massimo (febrero de 2022) Lo schwa (ə)? No, grazie. Pro lingua nostra. Change.org https://www.change.org/p/lo -schwa-%C9%99-no-grazie-pro-lingua-nostra

Auxland, Morrigan (2020). Para Todes: A Case Study on Portuguese and Gender-Neutrality. Journal of Languages, Texts, and Society, Vol. 4, 60-83. Recuperado de https://www.nottingham. ac.uk/research/groups/languagestextssociety/documents/ lts-journal/issue-4/lts-issue-4-article-auxland.-m.-para -todes-a-case-study-on-portuguese-and-gender-neutrality. pdf

Bäck, Emma A.; Gustafsson, Marie y Lindqvist, Anna (1 de julio de 2015) Introducing a gender-neutral pronoun in a natural gender language: the influence of time on attitudes and behavior. https://www.frontiersin.org/articles/10.3389/ fpsyg.2015.00893/full

Barcía, Susana R.; Cabeza, María del C. y López, Ártemis (junio de 2020). Visibilizar o interpretar: respuesta al Informe de la Real Academia Española sobre el lenguaje inclusivo y cuestiones conexas. Anuario de Glotopolítica. https://glotopolitica. com/2020/06/22/visibilizar-o-interpretar-respuesta-al-in- forme-de-la-real-academia-espanola-sobre-el-lenguaje-in- clusivo-y-cuestiones-conexas-2020/

Baron, Dennis. (1986). Grammar and Gender. Yale University Press.

Baron, Dennis (4 de septiembre de 2018). A brief history of singular 'they'. Oxford English Dictionary. Recuperado https://public. oed.com/blog/a-brief-history-of-singular-they/

Barreira, David (8 de noviembre de 2019). Ni otros ni otras, 'otres': Tina, la académica que reclama la 'e' para hacer el lenguaje más inclusivo. El Español. https://www.elespanol.com/cultu- ra/20191108/otres-tina-academica-reclama-hacer-lengua- je-inclusivo/442706731_0.html

Berger, Miriam (15 de diciembre de 2019). A guide to how gender-neutral language is developing around the world. The Washington Post. https://www.washingtonpost.com/world/2019/12/15/guide-how-gender-neutral-language-is-developing-around-world/

Bermúdez, Ian y Cantero, David (2015). Tránsito. Edicions Bellaterra, Pol·len Edicions.

Blanco, Candela M.; Devia, Anahí; Saldaña, Ernesto; Sosa, Ariel y Zucchi, Valentina. Fenómenos de convergencia y divergencia en el uso del lenguaje no binario. Acta Académica. https://www.aacademica.org/1.congreso.internacional.de.ciencias.humanas/1500

Bonnin, Juan E. (8 de agosto de 2020). «¡Hola, chiques!»: datos sobre uso del lenguaje inclusivo en la Argentina. Chequeando. https://chequeado.com/el-explicador/hola-chiques-datos-sobre-uso-del-lenguaje-inclusivo-en-la-argentina/

Boroditsky, Lera; Scmidt, Lauren A. y Phillips, Webb (2003). Sex, syntax and semantics. In D. Gentner & S. Goldin-Meadow (Eds.), Language in mind: Advances in the study of language and thought (pp. 61–79). Stanford University.

Bottini, Vittorio (s.f). Non-binary in Italian: Queering the Italian Language. Salty. https://saltyworld.net/non-binary-in-italian-queering-the-italian-language/

Bouhours, Damien (24 de marzo de 2021). Ecriture inclusive: évolution de la langue ou aberration? Le Petit Journal.com https://lepetitjournal.com/magazine/ecriture-inclusive-francais-301415

Caê, Gioni (s.f). Manual para o uso da linguagem neutra em Língua Portuguesa. https://drive.google.com/file/d/16BQ59w4ePbU-qMAzrFwUiCsz3r9zJw9XL/view

Calero Fernández, María Á. (1999). Sexismo lingüístico: Análisis y propuestas ante la discriminación sexual en el lenguaje. NARCEA S. A. EDICIONES.

Calero Fernández, María Á. (2006) Creencias y actitudes lingüísticas en torno al género gramatical en español. Estudios sobre lengua, literatura y mujer (pp. 235-286). Universidad de Jaén.

147

Castelfranco, Emilia (13 de abril de 2021). Nel Modenese un Comune adotta la 'schwa' nei post ufficiali.

Cejas, Sergio (14 de enero de 2021). Ante las numerosas quejas de la comunidad de Hades por la traducción tan mala al castellano, Supergiant Games promete corregir los fallos. Vida Extra. https://www.vidaextra.com/accion/numerosas-quejas-comunidad-hades-traduccion-mala-al-castellano-supergiant-games-promete-corregir-fallos

Chavira, Paula (24 de mayo de 2021). Ustedes, elles… y nosotres. El País. https://elpais.com/mexico/opinion/2021-05-24/ustedes-elles-y-nosotres.html

Crouch, Erin (7 de septiembre de 2017). What Happens If You're Genderqueer—But Your Native Language Is Gendered? The Establishment. https://theestablishment.co/what-happens-if-youre-genderqueer-but-your-native-language-is-gendered-d1c009dc5fcb/

Diz Pico, Jorge (Septiembre de 2015) Elle que elle. xurxodiz·eu https://xurxodiz.eu/blog/arquivo/elle-que-elle/

Diz Pico, Jorge (Junio de 2017). Le últime jedi y otros usos del neutro. xurxodiz·eu https://xurxodiz.eu/blog/arquivo/le-ultime-jedi-y-otros-usos-del-neutro/

Drazer, Maricel (5 de julio de 2018). La letra «e» le planta cara al sexismo. Deutsche Welle. https://www.dw.com/es/la-letra-e-le-planta-cara-al-sexismo/a-44543132

Drazer, Maricel (28 de marzo de 2019). «El español es sexista», afirmó la decana de la Facultad de Lenguas de la Universidad de Córdoba. Deutsche Welle. https://www.dw.com/es/el-espa%C3%B1ol-es-sexista-afirm%C3%B3-la-decana-de-la-facultad-de-lenguas-de-la-universidad-de-c%C3%B3rdoba/a-48106477

D'Artemius, Gabriel [@gdartemius] (22 de enero de 2020). Que nadie os venda la papeleta de que la lengua es un ente inmutable a proteger de la contaminación de X procedencia. No es que la lengua se proteja solita, es que no necesita protección. La lengua cambia igual que cambiamos nosotres, porque se adapta al cambio. [Tweet] Twitter. https://twitter.com/GDArtemius/status/1219919703143014400?s=20

D'Artemius, Gabriel [@gdartemius] (20 de octubre de 2020). NOS HAN RESPONDIDO. Es una respuesta un poco meh, más que nada por el final, pero bueno, la vida es [Tweet] Twitter. https://twitter.com/GDArtemius/status/13186371419504066 56?s=20&t=OZ8Sm0Eua-If4OE5LaSs8g

Fernández, Maximiliano (20 de agosto de 2019). El lenguaje inclusivo llega a cada vez más universidades públicas y divide las aguas. Infobae. https://www.infobae.com/educacion/2019/08/20/el-lenguaje-inclusivo-llega-a-cada-vez-mas-universida-des-publicas-y-divide-las-aguas/

Filgueira, María (7 de febrero de 2020). Lenguaje inclusivo: hay cada vez más universidades que aceptan su uso dentro de las instituciones. La Nación. https://www.lanacion.com.ar/sociedad/lenguaje-inclusivo-hay-cada-vez-mas-universida-des-nid2331692/

Filgueira, María (18 febrero de 2020). Lenguaje inclusivo: en distin-tas formas, ya se acepta su uso en universidades. La Nación. https://www.lanacion.com.ar/sociedad/lenguaje-inclusi-vo-en-distintas-formas-ya-se-acepta-su-uso-en-universida-des-nid2334725/

Folter, Regiane (22 de febrero de 2021). The Movement to Make the Spanish and Portuguese Languages More Inclusive. Women's Media Center. https://womensmediacenter.com/fbomb/the-movement-to-make-the-spanish-and-portuguese-lan-guages-more-inclusive

Friedlander, Emma (24 de agosto de 2018). Lost for Words: Non-Bi-nary Russians Fight the Limits of Their Language. The Moscow Times. https://www.themoscowtimes.com/2018/08/24/lost-for-words-non-binary-russians-fight-the-limits-of-their-lan-guage-a62650

G. Matas, Fran (14 de enero de 2021). Supergiant Games mejora-rá la traducción al español de Hades con una actualización. Vandal. https://vandal.elespanol.com/noticia/1350741005/

supergiant-games-mejorara-la-traduccion-al-espanol-de-ha-des-con-una-actualizacion/

García Meseguer, Álvaro (1977). Lenguaje y discriminación sexual. Editorial Cuadernos para el diálogo S.A.

García Meseguer, Álvaro (8 de marzo de 1984). El salto semántico. El País.

García, María Á. (17 septiembre 2019). María Martín: «Quien no usa lenguaje inclusivo es porque no domina el idioma o porque su decisión es discriminar». Yorokobu. https://www.yorokobu.es/maria-martin-lenguaje-inclusivo/

Genier, Eric (s/f). Ecriture inclusive. Cher·e·s lecteur·rice·s, déter-miné·e·s à écrire différemment ? Le Cafe du Fle. https://leca-fedufle.fr/ecriture-inclusive/

Gubb, Sophia (10 de febrero de 2013). Construyendo Un Género Neutro En Español – Para Una Lengua Feminista, Igualitaria E Inclusiva. Sophia Gubb's Blog. http://www.sophiagubb.com/construyendo-un-genero-neutro-en-espanol-para-una-len-gua-feminista-igualitaria-e-inclusiva/ (Recuperado 2019).

Heger, Illi Anna (s/f). Pronomen wie xier und sier. Illi Anna Heger. https://www.annaheger.de/pronomen/

Helouin, Estelle (s/f) L'écriture inclusive a-t-elle sa place dans la langue française ? International House World Organisation. https://ihworld.com/ih-journal/issues/issue-43/l-%C3%A-9criture-inclusive-a-t-elle-sa-place-dans-la-langue-fran%C3%A7aise/

Hicks, Daniel L.; Santacreu-Vasut, Estefania y Shoham, Amir (2015) Does Mother Tongue Make for Women's Work? Linguistics, Household Labor, and Gender Identity. Journal of Economic Behavior and Organization 110 (2), 19–44.

Hunte, Ben (10 de febrero de 2021). Brighton NHS Trust introduces new trans-friendly terms. BBC. https://www.bbc.com/news/uk-england-sussex-56007728

Jakiela, Pamela y Ozier, Owen W. (Junio de 2018). Gendered Lan-guage. IZA Discussion Paper No. 8464, Institute of Labor Eco-nomics (IZA). Bonn. Disponible en https://elibrary.worldbank.org/doi/abs/10.1596/1813-9450-8464

Jakiela, Pamela y Ozier, Owen W. (2020). Gendered language. Social Science Research Network. https://doi.org/10.2139/ssrn.3573296

Jakiela, Pamela y Ozier, Owen W. (abril de 2020). Gendered Language. Econstor. https://www.econstor.eu/bitstream/10419/216438/1/dp13126.pdf

Jiménez, Guille [@GuilleJiCan] (12 de febrero de 2020). El otro día estuve revisando sufijos latinos y griegos para buscar neutros para una novela y -ter/-tes quedan guay [Tweet] Twitter. https://twitter.com/GuilleJiCan/status/1227544503143346178?s=20

Job Moseholt, Søren (31 de febrero de 2017). El lenguaje andrógino. [Publicación universitaria]

Kalinowski, Santiago y Sarlo, Beatriz (2019). La lengua en disputa: Un debate sobre el lenguaje inclusivo. Ediciones Godot.

Kaupp, Steffen (septiembre de 2020). Lenguaje inclusivo en la enseñanza del alemán como lengua extranjera. Goethe Institut España. https://www.goethe.de/ins/es/es/kul/mag/21967217.html

Kellgren-Fozard, Jessica [Jessica Kellgren-Fozard] (30 de abril de 2021). The Secret LGBTQ+ Language // Polari [CC] [Vídeo] YouTube. https://www.youtube.com/watch?v=D7ZEs2UbUPs&ab_channel=JessicaKellgren-Fozard

Kirey-Sitnikova, Yana (21 de mayo de 2021). Prospects and challenges of gender neutralization in Russian. Springer Link. https://link.springer.com/article/10.1007/s11185-021-09241-6#Sec2

Knisely, Kris A. (24 de diciembre de 2020). Le français non-binaire: Linguistic forms used by non-binary speakers of French. Wiley Online Library. [PDF] https://onlinelibrary.wiley.com/doi/10.1111/flan.12500

Kyle, Logan R. (10 de septiembre de 2017). El pronombre neutro. Wordpress. https://loganrkyle.wordpress.com/2017/09/10/el-uso-del-pronombre-neutro/

Langhammer, Virginia (2 de noviembre de 2021). Gender-Neutral Language in Brazilian Portuguese. Speaking Brazilian. https://www.speakingbrazilian.com/post/neutral

Lee, Chelsea (31 de octubre de 2019). Welcome, singular «they». APA Style. https://apastyle.apa.org/blog/singular-they

Leigh Wilson, Cecil (25 de octubre de 2018). Can You Be Nonbinary in Russian? OSU.EDU. https://u.osu.edu/seej/2018/10/25/can-you-be-nonbinary-in-russian/

Naciones Unidas (s.f). Lenguaje inclusivo en cuanto al género. https://www.un.org/es/gender-inclusive-language/

López, Ártemis [@queerterpreter] (19 de septiembre de 2019). ¡Más sobre p/madre! Basándome en las respuestas del otro día, aternal, xaternal, neidr... ¿neidral? Si tiramos de guraso, pues... [Tweet] Twitter. https://twitter.com/queerterpreter/status/1174453318049042432?s=20

López, Ártemis (19 noviembre 2019). Tú, yo, elle y el lenguaje no binario. La Linterna del Traductor. http://lalinternadeltraductor.org/n19/traducir-lenguaje-no-binario.html

Ludwig, Ralph (2000). Desde el contacto hacia el conflicto lingüístico: el purismo en el español. Concepto, desarrollo histórico y significación actual. BFUCh XXXVIII (2000-2001): 167- 196. Boletín de filología, Vol. 38, N°. 1, 2000-2001, pp. 167-196. Universidad de Chile.

LVEQ (26 de julio 2018). Petit dico de français neutre/inclusif. La vie en queer. https://lavieenqueer.wordpress.com/2018/07/26/petit-dico-de-francais-neutre-inclusif/

Maldonado, Lorena G. (18 de junio de 2017). La lengua no tiene sexo: "Elle está cansade". El Español. https://www.elespanol.com/cultura/20170617/224478043_0.html

Mantilla, Jesús R. (30 de marzo de 2019). El lenguaje inclusivo tensa a 'todes' en Argentina. El País. https://elpais.com/cultura/2019/03/30/actualidad/1553959465_205850.html

Marquis, Marriott (8 de enero de 2016). 2015 Word of the Year is singular «they». American Dialect Society. https://americandialect.org/2015-word-of-the-year-is-singular-they

Moreno, Gloria (28 de marzo de 2015). Suecia oficializa el pronombre neutro. La Vanguardia. https://www.lavanguardia.com/vida/20150328/54429302071/suecia-oficializa-pronombre-neutro.html

Naciones Unidas (s.f). Lenguaje inclusivo en cuanto al género. https://www.un.org/es/gender-inclusive-language/

Noack, Rick (1 de abril de 2015). Sweden is about to add a gender-neutral pronoun to its official dictionary. The Washington Post. https://www.washingtonpost.com/news/worldviews/wp/2015/04/01/sweden-is-about-to-add-a-gender-neutral-pronoun-to-its-official-dictionary/

Nunberb, Geoff (13 de enero de 2016). Everyone Uses Singular 'They,' Whether They Realize It Or Not. NPR. https://www.npr.org/2016/01/13/462906419/everyone-uses-singular-they-whether-they-realize-it-or-not?t=1642094144954

Páez Prado, Herminia [@traducinando] (10 de septiembre de 2020). Sep, resulta que @GuilleJiCan estuvo investigando creación de palabras habitual y surgió la terminación en ter, así que acteres, subtituladeres [Tweet] Twitter. https://twitter.com/traducinando/status/1304056401099190272?s=20

Parra, Maria L. y Serafini, Ellen J. (12 de enero de 2022). «Bienvenidxs todes»: el lenguaje inclusivo desde una perspectiva crítica para las clases de español. Taylor & Francis Online. https://www.tandfonline.com/doi/full/10.1080/23247797.2021.2012739?scroll=top&needAccess=true

Parra, Sergio (13 de agosto de 2019). Según este estudio, el uso de términos neutrales de género sí que favorece la igualdad de género. Xataka ciencia. https://www.xatakaciencia.com/psicologia/este-estudio-uso-terminos-neutrales-genero-que-favorece-igualdad-genero

Peiró, Claudia (18 de julio de 2020). El director de la RAE sobre el lenguaje inclusivo: «El desdoblamiento altera la economía del idioma y estropea una lengua hermosa». Infobae. https://www.infobae.com/sociedad/2020/07/18/el-director-de-la-rae-sobre-el-lenguaje-inclusivo-el-desdoblamiento-altera-la-economia-del-idioma-y-estropea-una-lengua-hermosa/

Pérez, Efrén O. y Tavits, Margit (2019). Language Influences Public Attitudes Toward Gender Equality. Journal of Politics 81 (1), 81–93.

Pérez, Efrén O. y Tavits, Margit (5 de agosto de 2019). Language influences mass opinion toward gender and LGBT equality. PNAS. https://www.pnas.org/doi/10.1073/pnas.1908156116#sec-7

Polloni, Miguel Fauré (17 de octubre de 2019). Palabra de todes: El lenguaje inclusivo ya es permitido en universidades argentinas. Revista De Frente. https://www.revistadefrente.cl/palabra-de-todes-el-lenguaje-inclusivo-ya-es-permitido-en-universidades-argentinas/

Putuma, Koleka (2018). Amnesia colectiva. (Trad. Arrate Hidalgo y Lawrence Schimel). Madrid: Flores Raras. (Trabajo original publicado en 2017).

Real Academia Española (6 de mayo de 2010) Nueva gramática de la lengua española.

Real Academia Española (@RAEinforma). «#RAEconsultas No es admisible usar la letra "x" ni la "e" como marca de género. Es, además, innecesario, pues el masc. gramatical funciona en nuestra lengua, como en otras, como término inclusivo para aludir a colectivos mixtos, o en contextos genéricos o inespecíficos» [publicación en Twitter]. 30 de mayo del 2018. [Consulta: 07/10/2019]

Real Academia Española (16 de enero de 2020). Informe de la Real Academia Española sobre el lenguaje inclusivo y cuestiones conexas.

Real Academia Española (Recuperado en junio de 2021). «Los ciudadanos y las ciudadanas», «los niños y las niñas». https://www.rae.es/espanol-al-dia/los-ciudadanos-y-las-ciudadanas-los-ninos-y-las-ninas

Real Academia Española (Recuperado en octubre de 2022). Historia. https://www.rae.es/la-institucion/historia

Rothschild, Nathalie (11 de abril de 2012). Sweden's New Gender-Neutral Pronoun: Hen. Slate. https://slate.com/human-interest/2012/04/hen-swedens-new-gender-neutral-pronoun-causes-controversy.html

Ruiz, Elsa [Elsa Ruiz Cómica] (4 de septiembre de 2018) ¿Es necesario el lenguaje neutro/inclusivo? | Lost in Transition #28 |

Elsa Ruiz [Vídeo]. YouTube. https://www.youtube.com/watch?v=wjirCafsXFo

Sánchez, Rosalía (10 de octubre de 2021). Alemania reniega del lenguaje inclusivo mientras España se entrega al «todas y todes». ABC Sociedad. https://www.abc.es/sociedad/abci-alemania-reniega-lenguaje-inclusivo-mientras-espana-entrega-todas-y-todes-202110100053_noticia.html?ref=https%3A%2F%2Fwww.abc.es%2Fsociedad%2Fabci-alemania-reniega-lenguaje-inclusivo-mientras-espana-entrega-todas-y-todes-202110100053_noticia.html

Schmidt, Samantha (6 de diciembre de 2019). The fight for a gender-neutral Spanish. The Washington Post. https://www.washingtonpost.com/podcasts/post-reports/the-fight-for-a-genderneutral-spanish/

Scholz, Kay-Alexander (13 de julio de 2021). El gran debate sobre el lenguaje inclusivo en Alemania. Deutsche Welle. https://www.dw.com/es/el-gran-debate-sobre-el-lenguaje-inclusivo-en-alemania/a-58254857

Schwindt, Luiz Carlos (8 de octubre de 2020). Sobre gênero neutro em português brasileiro e os limites do sistema linguístico. Revista da Abralin. https://revista.abralin.org/index.php/abralin/article/view/1709

Squires, Nick (10 de febrero de 2022). 'Politically correct' gender-neutral symbols 'endangering' the Italian language. The Telegraph. https://www.telegraph.co.uk/world-news/2022/02/10/politically-correct-gender-neutral-symbols-endangering-italian

Tabary, Zoe (22 de noviembre de 2017). La belle France (f) at war over gender-neutral language ban. Thomson Reuters Foundation News. https://news.trust.org/item/20171122133351-1lp8a/

Tgcom24 (22 de noviembre de 2022). TORINO, il liceo Cavour sceglie l'asterisco per il genere fluido. Tgcom24. https://www.tgcom24.mediaset.it/cronaca/piemonte/torino-il-liceo-cavour-di-torino-sceglie-l-asterisco-per-il-genere-fluido-degli-studenti_42007111-202102k.shtml

The Office of Intercultural Engagement. Neopronouns Explained. UNC Greensboro. [PDF] https://intercultural.uncg.edu/why-pronouns-matter

Trammell, Kendall (18 de septiembre de 2019). Merriam-Webster adds the nonbinary pronoun 'they' to its dictionary. CNN. https://edition.cnn.com/2019/09/17/us/merriam-webster-nonbinary-pronoun-they-trnd/index.html?utm_content=2019-09-17T20%3A40 %0%3A07&utm_term=link&utm_medium=social&utm_source=twCNN

Vera, Diego (27 de mayo de 2021). ¿No más todes?: presentan proyecto para prohibir el lenguaje "inclusivo" en colegios. biobiochile.cl https://www.biobiochile.cl/noticias/nacional/chile/2021/05/27/no-mas-todes-presentan-proyecto-para-prohibir-el-lenguaje-inclusivo-en-colegios.shtml

VICE [VICE] (25 de julio de 2017). Raised Without Gender. [Vídeo] Youtube. https://www.youtube.com/watch?v=4sPj8HhbwHs

Nos encantaría saber qué te ha parecido este libro.
¿Nos lo cuentas?

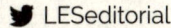 LESeditorial
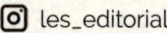 les_editorial
𝐟 LESeditorial

www.leseditorial.com
info@leseditorial.com